CÉLÉBRATION

DU 21 JANVIER

Depuis 1793 jusqu'à nos Jours.

Tiré à 200 exemplaires, papier velin.
»   50   »   papier de Hollande.
_____
250   »
_____

Marseille. — Imp. V. Marius OLIVE, rue Paradis, 68

CÉLÉBRATION

DU

21 JANVIER

DEPUIS 1793 JUSQU'A NOS JOURS

PAR

JOSEPH MATHIEU

❦

MARSEILLE

MARIUS LEBON, LIBRAIRE,

rue Cannebière , 35.

—

1863

CÉLÉBRATION

DU 21 JANVIER

DEPUIS 1793 JUSQU'A NOS JOURS.

I.

Louis XVI, le restaurateur des libertés nationales, le plus infortuné et le plus vertueux des monarques, venait de périr sur l'échafaud. Après avoir
obtenu sa condamnation par la terreur qu'ils inspi-
rèrent à ceux des conventionnels qui ne voulaient
pas la mort du Roi, mais qui eurent la coupable fai-
blesse de tremper dans cette œuvre d'iniquité, ses
bourreaux exigèrent, effrayés qu'ils étaient de l'im-
mensité de leur crime, que la nation toute entière
s'y associât par des fêtes et des réjouissances publiques.

Nous allons donner, à ce propos, des détails sur
la manière dont les terroristes prétendirent fêter, à

Marseille, le souvenir de l'assassinat juridique du meilleur des princes ; mais avant de raconter ce qui est relatif à notre ville, nous essaierons, à l'aide des écrits publiés à l'époque même, de retracer la physionomie de Paris, au moment où s'accomplissait, sur la place de la Révolution, en face des Tuileries, le forfait politique dont les conséquences et l'expiation devaient coûter à la France tant de sang et de larmes.

Depuis le matin du 21 janvier jusqu'après l'heure de l'exécution, les rues de Paris furent désertes, et, chose vraiment déplorable, mais qui s'explique par la terreur que les sections armées répandaient autour d'elles, on put voir la majorité de la garde nationale, malgré sa vive répugnance pour les excès de la révolution, former la haie sur le passage de Louis XVI. L'attitude des soldats citoyens était morne et silencieuse. Une poignée de soi-disant patriotes suffit donc, en cette circonstance comme en bien d'autres de ces temps malheureux, pour imposer à une population entière. Ce fait extraordinaire a fait dire à M. Lally-Tollendal « qu'on vit s'avancer cent mille hommes armés, dont quatre-vingt mille victimes qui en conduisaient une autre au supplice. »

Ce jour-là, toutes les maisons, devant lesquelles devait passer le cortége de mort, restèrent fermées par ordre ; elles ne se rouvrirent qu'au moment où les cannibales, groupés autour de l'échafaud, se répandirent dans tous les quartiers de la capitale, en poussant d'effroyables clameurs, qui annonçaient au loin la consommation du sacrifice. Il avait été accompli impunément, sous la protection de quatre-vingt bouches à feu, disposées aux environs de l'échafaud et qu'auraient fait tonner, au besoin, autant d'hommes, septembriseurs ou dignes de l'avoir été.

L'impassible *Moniteur*, ce fidèle miroir des impressions officielles du moment, publiait, le lendemain du 21 janvier 1793, l'article suivant :

« La tête de Louis est tombée à dix heures vingt minutes du matin. Elle a été montrée au peuple. Aussitôt mille cris : Vive la nation ! vive la république française! se sont font entendre. Le cadavre a été transporté sur-le-champ et déposé dans l'église de la Magdeleine, où il a été inhumé, entre les personnes qui périrent le jour de son mariage, et les Suisses qui furent massacrés le 10 août. La fosse avait douze pieds de profondeur et six de largeur ; elle a été remplie de chaux.

« Deux heures après, rien n'annonçait dans Paris que celui qui naguère était le chef de la nation venait de subir le supplice des criminels. La tranquillité publique n'a pas été troublée un instant. »

Analysant ensuite le testament de Louis XVI, le *Moniteur* trouvait dans ce document, sacré, pour ainsi dire, des preuves suffisantes de la *mauvaise foi* du monarque, que l'on n'appelait plus alors que Louis Capet ; preuves faites pour tarir, dans les âmes les mieux prévenues en sa faveur, les sentimens de pitié que pouvait inspirer une fin aussi tragique. « Mais, ajoutait le *Moniteur*, laissons Louis sous le crêpe ; il appartient désormais à l'histoire. Une victime de la loi a quelque chose de sacré pour l'homme moral et *sensible*. »

Le journaliste jacobin Prudhomme, dans son journal les *Révolutions de Paris*, consacra aussi un long article aux derniers instans de Louis XVI. Le numéro qui le contient est illustré d'une gravure représentant le supplice de ce monarque, au moment où le bourreau montre sa tête au peuple. Voici quelques détails peu connus empruntés au journal de Prudhomme, dont la collection commence à devenir rare :

« Les prêtres et les dévotes, disait ce journaliste, qui déjà cherchent sur leur calendrier une place à Louis XVI parmi les martyrs, ont fait un rapprochement de son exécution avec la passion de leur Christ. A l'exemple du peuple juif de Jérusalem, le peuple de Paris déchira en deux la redingote de Louis Capet, *scinderunt vestimenta sua*, et chacun voulut en emporter chez soi un lambeau ; mais c'était par pur esprit de républicanisme. Vois-tu ce morceau de drap, diront les grands-pères à leurs petits-enfans ; le dernier de nos tyrans en était revêtu le jour qu'il monta à l'échafaud, pour périr du supplice des traîtres.

« Jacques Roux, l'un des deux municipaux prêtres, nommés par la commune commissaires pour assister à l'exécution de Louis Capet, dit que les citoyens ont trempé leurs mouchoirs dans son sang.

Cela est vrai : mais Jacques Roux le prêtre , qui, dans sa mission auprès du ci-devant roi, lui parla plutôt en bourreau avide de hautes-œuvres (1) qu'en magistrat du peuple souverain , aurait dû ajouter, dans son rapport au conseil général, que quantité de volontaires s'empressèrent aussi de tremper dans le sang du despote le fer de leurs piques , la baïonnette de leurs fusils ou la lame de leurs sabres. Les gendarmes ne furent pas des derniers. Beaucoup d'officiers du bataillon de Marseille et autres imbibèrent de ce sang impur des enveloppes de lettres qu'ils portèrent à la pointe de leur épée , en tête de leur compagnie, en disant : Voilà du sang d'un tyran.

« Un citoyen monta sur la guillotine même , et plongeant tout entier son bras nu dans le sang de Capet, qui s'était amassé en abondance , il en prit des caillots plein la main, et en aspergea par trois fois la foule des assistans, qui se pressaient au pied de l'échafaud, pour en recevoir chacun une goutte sur le front. Frères, disait le citoyen en faisant son aspersion, frères, on nous a menacés que le sang de Louis Capet retomberait sur nos têtes ; eh bien !

(1) Lorsque Jacques Roux alla avec son collègue chercher Louis au Temple, pour le mener à la mort, marchons, lui dit-il. l'heure du supplice est arrivée. Capet ayant voulu lui remettre son testament, Jacques Roux le refusa , en disant : Je ne suis chargé que de vous conduire à l'échafaud. A quoi Louis répondit : C'est juste.

2

qu'il y retombe : Louis Capet a lavé tant de fois ses mains dans le nôtre! Républicains, le sang d'un roi porte bonheur. »

Au dire même de Prudhomme, jacobin avéré, cette scène de cannibales « digne, dit-il, du pinceau de Tacite » souleva d'indignation tout homme en qui battait encore un cœur honnête, et une voix courageuse cria du milieu de la foule : « Mes amis, que faisons-nous ? Tout ceci va être rapporté ; on va nous peindre chez l'étranger comme une populace féroce et qui a soif de sang ! »

Prudhomme signale aussi le fait d'un ancien militaire, décoré de la croix de Saint-Louis, qui mourut de douleur en apprenant le supplice du roi ; il ajoute qu'un libraire, nommé Ventre, en devint fou, et qu'un perruquier très connu de la rue Culture-Sainte-Catherine se coupa le cou de désespoir.

Ces détails, qui sont autant d'aveux, sont précieux à recueillir venant d'un forcené tel que Prudhomme, affectant, d'autre part, de représenter le peuple de Paris comme joyeux de l'assassinat de Louis XVI.

« Les riches magasins, dit encore Prudhomme, *les boutiques, les ateliers n'ont été qu'entr'ouverts toute la journée, comme jadis les jours de petite fête.* » On serait vraiment tenté de croire, en lisant ces lignes, que tous ces bons bourgeois se livraient au repos en signe de joie, si Prudhomme lui-même n'ajoutait point que « *la bourgeoisie commença un peu à se rassurer vers les midi, quand*

*elle vit qu'il n'était question ni de meurtres , ni
de pillage. »* Le soir, tous les spectacles furent ouverts, et quelques misérables dansèrent à l'entrée
du ci-devant pont Louis XVI.

Prudhomme n'est point embarrassé pour expliquer
la physionomie triste et silencieuse que la capitale
conserva pendant toute la journée du 21 janvier.
Ecoutons-le : il devient même léger, il oublie, pour
un moment, de tremper sa plume dans le sang royal :
« Les femmes, dit-il, de qui nous ne devons pas rai-
sonnablement exiger qu'elles se placent tout de suite
au niveau des évènemens politiques, furent en général assez tristes ; ce qui ne contribua pas peu à cet
air morne que Paris offrit toute la journée. Il y eut,
peut-être, quelques larmes de versées ; mais on sait
que les femmes n'en sont pas avares. Il y eut aussi
quelques reproches , même quelques injures. Tout
cela est bien pardonnable à un sexe léger, fragile, qui
a vu luire les derniers beaux jours d'une cour brillante. Les femmes auront quelque peine à passer du
règne de la galanterie et du luxe à l'empire des
mœurs simples et austères de la république ; mais
elles s'y feront quand elles se verront moins esclaves,
plus honorées et mieux aimées qu'auparavant. »

Pour rendre notre étude plus complète, nous pourrions faire des enprunts au trop fameux *Père Du-
chène,* ainsi qu'à une foule d'autres publications révolutionnaires de 93 ; mais nous avons hâte de quitter les feuilles sanguinaires et de montrer qu'il y
avait encore en France, malgré l'abaissement où elle

était tombée, des écrivains courageux, qui osèrent au péril de leur vie, élever des protestations en face de l'échafaud de Louis XVI.

Nicolle de Ladevize, rédacteur du *Journal fran-çais*, qui parut du 15 novembre 1792 jusqu'au 7 février 1793, publia dans son journal, le lendemain même de la mort de Louis XVI, l'article suivant :

« Il est inutile de le dissimuler : Paris est plongé dans la stupeur. La douleur muette, pour me servir d'une expression de Tacite, se promène dans les rues, et la terreur, qui enchaîne l'expression de tous les sentimens , se lit gravée sur le front des citoyens. Le roi est mort ; l'anarchie est-elle aux abois ? Les factieux sont-ils terrassés ? La sûreté individuelle des citoyens est-elle respectée ? l'assassin qui me poignardait est-il enchaîné? Hélas ! jamais l'émigration ne fut plus active, plus effrayante...... Vous ne savez donc pas que le comité de surveillance a été renouvelé, et que la liste des membres qui le composent est souillée encore une fois des noms de Bazire, des Chabot et d'autres hommes de sang, qui, dans ce moment, disposent souverainement de la réputation, de la fortune et de la vie des citoyens ? C'est le conseil des dix de Venise ; ils n'ont qu'à dire : poignardez et l'on poignardera. »

Nicolle fut arrêté le jour même de la publication de cet article, et il ne dut son salut qu'à l'influence, prépondérante encore, du parti Girondin qui, se voyant menacé lui-même, cherchait alors à sauvegarder les derniers restes de la liberté. (1)

La *Feuille du Matin* publia, vers le même temps, pour être gravée sur le tombeau d'un grand personnage, mort en janvier 1793, l'épitaphe que voici :

> Ci-gisent la vertu, l'honneur et l'innocence,
> Et tout le bonheur de la France.

Dans la même feuille du 8 février, on lisait cet article :

« Une dame nous prie instamment d'insérer dans notre journal l'épitaphe ci-après, que nous croyons être celle de Charles Ier :

> Ci-gît, qui, malgré ses bienfaits,
> Fut immolé par ses propres sujets,
> Et qui, par un courage inconnu dans l'histoire,
> Fit de son échafaud le trône de sa gloire.

Des complaintes furent chantées dans les rues de Paris, en faveur de l'infortuné Louis XVI. Prudhomme s'en plaignit dans son journal, et déclara que ces chants produisaient une certaine émotion, aux barrières, dans les guinguettes; l'une, sur l'air de la Passion produisit une profonde sensation. Le journal la *Feuille du Matin*, dont nous venons de parler, contient, dit M. Monseignat, déjà cité, dans le numéro du 13 février, une romance en neuf couplets, qui

(1) *Un chapitre de la Révolution française ou His- des journaux en France de* 1789 à 1799, par Ch. de Monseignat.

n'est autre chose que le testament de Louis XVI, mis en vers. Dans le numéro du 19 du même mois, on trouve, d'après les feuilles allemandes, la relation du service célébré pour Louis XVI à Willingen, avec le discours prononcé dans cette circonstance par le prince de Condé.

Nous devons mentionner aussi un autre genre de courage des plus honorables. Un certain Louis Leduc adressa le 21 janvier, à la Convention, une lettre par laquelle il demandait que le corps de Louis Capet lui fut remis pour le transporter à Sens et lui donner la sépulture.

La Convention passa à l'ordre du jour, et sur la proposition d'un de ses membres, elle décréta que le conseil exécutif serait chargé de faire inhumer le corps de Louis Capet, dans le lieu destiné aux inhumations de la section dans l'étendue de laquelle il devait être supplicié.

En présence de ces manifestations et de la crainte qui s'empara des juges de Louis XVI, à la suite de l'assassinat commis, la veille même de l'exécution, par le garde du corps Paris, sur la personne du conventionnel régicide Lepelletier Saint-Fargeau, on n'osa point, à Paris, célébrer la mort du roi par des fêtes ; les démagogues se contentèrent, pour le moment, des réjouissances publiques, organisées, dans chaque département, par une poignée de misérables qui les imposèrent à la nation stupéfiée par l'horreur.

Nous allons voir comment furent organisées les fêtes qui eurent lieu à Marseille, lorsqu'on y apprit le supplice du Roi.

II.

C'est le samedi, 26 janvier, que fut reçue à Marseille la nouvelle de la condamnation à mort de Louis XVI. Le même soir, il y eut farandole aux deux théâtres, on illumina les édifices publics, et notamment la façade ainsi que le clocher de l'église St- Martin, où le clergé jureur continuait à faire un service , prétendu religieux , en dépit de la réprobation générale.

Le dimanche 27, les farandoles se renouvelèrent et parcoururent la ville, avant de figurer au spectacle du soir.

Le lundi 28, les boutiques furent fermées. en signe de joie, les navires furent pavoisés, et, à la nuit, il y eut illumination générale.

Ce soir là, au Grand-Théâtre, on jouait le *Guillaume Tell* de Lemierre ; (1) le spectacle fut inter-

(1) Ce fait et plusieurs de ceux qui vont suivre sont empruntés à un ouvrage inédit , intitulé *Notes pour servir à l'histoire du théâtre et des spectacles à Marseille et en Provence.*

rompu par une f. randole générale. C'était bien le moins qu'on pût faire pour témoigner la part que prenaient nos révolutionnaires à l'exécution de Louis XVI. La nouvelle en avait été apportée par un courrier extraordinaire. La consommation du plus grand crime politique des temps modernes fut annoncée par une lettre d'Alexandre Ricord, portant textuellement : « Cejourd'hui 21 janvier, à dix heures vingt minutes avant midi, et sur la place de la Révolution, Louis Capet, dernier roi de France, a été fait pic, repic et capot. »

Ce n'était pas assez de la farandole dansée à Marseille sur le même théâtre où, dix ans auparavant, * l'idolâtrie royaliste, en réjouissance de la glorieuse paix de 1783, organisait, pour Louis XVI, l'apothéose des *Fêtes de la Paix*, la mémorable comédie de Blanc-Gilly qui, depuis... mais alors il était plus royaliste que le roi.

En 1793, ce fut *par ordre* que Marseille dut se réjouir ; on dansa une autre farandole au théâtre Pavillon : une illumination générale et *spontanée* dût être faite, du haut en bas des maisons, toujours au nom de la liberté. La municipalité invita les citoyens à suspendre leurs travaux, à fermer les ateliers et boutiques, pour célébrer, par des réjouissances publiques, la chute de la *tyrannie* ; des bandes de patriotes parcoururent les rues principales, en criant : *A la lanterne les royalistes !* Mais comme il commençait à ne plus y avoir de bonne fête sans guillotine, pour se donner un vernis d'impartialité,

la démagogie, maîtresse de Marseille, ordonna l'exécution d'un forcené jacobin, nommé Pierre Bernard,
accusé de concussion, et dont la tête tomba, le 29, à
la plaine St-Michel.

Ce jour même, la section du Manége (faubourg
Sylvabelle) célébra une fête particulière en réjouissance de l'exécution de Louis XVI. On avait formé
autour de l'arbre de la liberté, planté hors la Porte-
de-Rome, un temple de verdure, dans lequel on dansa le jour et la nuit. Le soir, on brûla des *barils-
chaux*, toutes les maisons de la section furent illu-
minées ; on rôtit huit moutons entiers, qui furent
distribués aux pauvres, avec du pain et deux barri-
ques de vin.

Les sections St-Jean, St-Ferréol, de la Trinité et
St-Thomas, firent successivement leurs fêtes particulières, « toujours, disait le bonhomme Baugeard
dans son *Journal de Marseille*, avec autant d'ordre
que de gaîté.»

La section Notre-Dame-du-Mont célébra la sienne le dimanche 10 février. Un arc-de-triomphe était
élevé à l'extrémité de la rue des Minîmes, devant l'é-
glise de ces Pères, aujourd'hui détruite ; il y eut
messe militaire, banquet civique, danses et feu d'artifice. Le maire Mouraille, qui demeurait dans le
quartier, assista à cette fête, ainsi que les autres autorités, dont l'arrivée fut saluée par le canon.

Le même jour, fête à la section des Chartreux et
de la Madeleine.

Les autres sections se dispensèrent de célébrer

3

leurs fêtes, et annoncèrent que l'argent qu'elles auraient coûté serait consacré à des actes de bienfaisance.

La grande infortune de Louis XVI, en exaltant
les sentimens des royalistes, devait aussi opérer des
conversions dans les rangs même des ennemis de la
royauté. Nous en citerons une, entr'autres, qui fit
beaucoup de bruit dans Marseille, celle de François
Allemand, à peine âgé de vingt ans, et qui devait
neuf mois plus tard périr sur l'échafaud, comme
convaincu du crime de contre-révolution.

Ce malheureux jeune homme appartenait à une
famille d'honnêtes commerçans. Son frère, le saint
abbé Allemand, fondateur, dans notre ville, au rétablissement du culte, de l'OEuvre de la jeunesse, qui
fait l'admiration de tous ceux qui la connaissent et
savent en apprécier les bienfaits, n'avait pas manqué
de l'éclairer sur les conséquences fatales de son
exaltation révolutionnaire ; mais François Allemand
était l'ami intime du conventionnel Barbaroux, et, de
plus, son secrétaire particulier. Poussé par les circonstances, entraîné par cette fièvre de rénovation
qui, à cette époque, volcanisait tous les esprits, il ne
voyait l'avenir qu'à travers les illusions que son sé-
duisaut ami Barbaroux nourrissait en lui. Ce fut
dans ces dispositions d'esprit qu'il accompagna ce
conventionnel à Paris ; il assista au jugement, à la
condamnation, au supplice de Louis XVI, et, quelques jours après, il revint de la capitale, le cœur
contristé. On put bientôt reconnaître, au change-

ment qui s'opéra dans sa manière de juger les hommes et les choses, que son âme ardente et généreuse avait été profondément remuée par les événemens qui marquèrent les derniers jours du meilleur des rois.

François Allemand, comme nombre d'autres Marseillais, avait rapporté de Paris un mouchoir empreint de quelques gouttes du sang de Louis XVI; mais loin de montrer, ainsi que le firent quelques jacobins forcenés de Marseille, ce témoignage de leur présence sur le lieu du supplice, comme une preuve de haine à la royauté, c'était les larmes aux yeux et avec les sentimens d'une pieuse vénération que François Allemand faisait voir, à quelques fidèles et dans des maisons amies, cette précieuse relique, empreinte du sang du roi martyr.

III.

La mort de Louis XVI plongea l'Europe dans la stupeur. L'impératrice de Russie ordonna un deuil de six semaines et publia une déclaration à ce sujet. Le roi de Sardaigne fit célébrer un service solennel et assista, avec toute sa cour, au panégyrique de Louis XVI, qui fut prononcé dans sa chapelle particulière. La cour de Vienne prit le deuil pour vingt jours, et la famille royale demeura renfermée pendant ce temps ; l'Espagne déclara la guerre à la Convention.

Mais, entre toutes ces manifestations, la plus touchante fut celle du Souverain-Pontife Pie VI , qui, dans une énergique allocution, s'éleva avec force contre les auteurs de ce crime inouï , *le plus affreux, le plus digne de l'exécration des siècles.* Il rappela les hautes vertus de Louis XVI, de ce prince *doux, bienfaisant, plein de clémence, patient, ami de son peuple, ennemi de la rigueur et de la sévérité, indulgent et facile pour tout le monde* , il prédit ensuite les malheurs qui allaient fondre sur

notre malheureuse patrie, et gémissant sur le sort de
cette partie la plus précieuse de son troupeau ; il
s'écria : « O France ! que nos prédécesseurs pro-
« clamaient le miroir de tout le monde chrétien,
« la colonne immobile de la foi ; toi qui marchais,
« non à la suite mais à la tête des autres nations,
« dans la ferveur de la foi chrétienne et la soumis-
« sion à l'autorité du siége apostolique, combien
« aujourd'hui ne t'es tu pas éloignée de nous! Quel-
« le animosité t'aveugle sur la véritable religion et
« t'a poussée à des excès de fureur qui te donnent le
« premier rang parmi les plus cruels persécuteurs ?
« Et cependant pourrais-tu, quand tu le voudrais,
« ignorer quelle est cette religion, le plus ferme ap-
« pui des empires, parce que c'est elle qui réprime
« et les abus du pouvoir dans ceux qui gouvernent,
« et la licence dans ceux qui obéissent ? Aussi voilà
« pourquoi ceux qui en veulent aux droits de l'auto-
« rité royale, aspirent, pour la renverser, à l'anéan-
« tissement de la foi catholique. »

Mais faisant trève à ses lamentations, le vénérable
Pontife terminait ainsi cette belle et courageuse allocution :

« Jour de triomphe pour Louis ! disait-il ; oui,
« nous avons la confiance que le Seigneur, de qui
« lui venait ce courage qui brave la persécution
« et rend supérieur à la souffrance, l'a appelé dans
« son sein, changeant pour lui une couronne ter-
« restre, hélas ! si frêle, et des lis sitôt flétris
« contre une autre couronne impérissable, tissue

« de ces lis immortels qui ornent le front des bien-
« heureux ! (1).

En terminant cette allocution que la Convention,
cela va sans dire, ne permit de publier en France,
Pie VI ordonna un service funèbre qui fut célébré
avec la plus grande pompe dans la chapelle du Qui-
rinal. Sa Sainteté y assista, entourée du Sacré-
Collége et des ambassadeurs des puissances étran-
gères. L'oraison funèbre fut prononcée en latin par
Mgr Leardi de Casal-Montferrat. Une traduction
française en fut donnée par l'abbé d'Auribeau.

Se douterait-on qu'il existe une tragédie, composée à l'époque même de 93, sur la mort de Louis XVI;
rien pourtant de plus réel. Elle fut imprimée et publiée chez les marchands de nouveautés ; le frontis-
pice de la brochure portait trois fleurs de lys.

Au début de la pièce, les trois défenseurs du roi
déchu confèrent au sujet de son procès qui s'entame.
Desèze rapporte qu'il vient de voir Louis, calme et
ferme, dans sa prison.

Son cœur inaccessible aux remords, à la crainte,
Du calme de son front a réfléchi l'empreinte ;
Du diadème enfin jamais la majesté
N'égala de ce front la noble nudité.

Dans une autre scène, quelques-uns des juges du
royal accusé émettent leur sentence, par anticipation :

(1) Cette allocution fut traduite immédiatement
en français par l'abbé, depuis cardinal, Maury.
Nous empruntons ces quelques détails à l'*Eloge de
Pie VI*, de M. Charles du Rozoir.

GARRAN.

Je suis législateur et politiquement
Je promets de voter pour le bannissement.

ROBESPIERRE.

Puissent, puissent ces rois qui viennent nous com-
(battre
N'avoir tous qu'une tête, et moi, d'un coup l'abattre !..

Plus loin il s'écrie :

Damiens ! ton noble sang bouillonne dans nos veines.

Dans cette tragédie, Robespierre et Marat ne sont
que des complices du duc d'Orléans à qui, pour régner, la mort de Louis est nécessaire.

Au second acte, Louis XVI utilise les loisirs de sa
prison en instruisant le jeune dauphin et lui racon-
tant la mort de Charles Ier d'Angleterre. Survient
Malesherbes qui annonce au roi sa condamnation à
mort.

Au troisième acte, scène déchirante de l'entrevue
suprême de Louis XVI avec sa famille. Marie-Antoinette, égarée par la douleur, veut que son fils venge,
quelque jour, la mort de son père assassiné. Louis
calme ce transport et ne veut parler que de pardon.
Le confesseur se présente, la reine s'évanouit, et l'on
entraîne Louis sur l'ordre de Santerre.

.... Allons, sans nul retard
Dans le sein du despote enfoncer le poignard !

L'auteur de cette pièce était Aignan, qui fut, plus
tard, de l'Académie française. Il avait vingt ans, à

cette époque. Littérateur des plus médiocres à vingt ans comme à soixante , Aignan ne fut pas , d'autre part, un royaliste modèle. Sous la Restauration, il écrivait dans la *Minerve*, une des feuilles les plus hostiles au gouvernement de Louis XVIII.

Eu 1793, on imprima aussi une autre tragédie , intitulée le *Martyre de Marie-Antoinette*; une autre encore en trois actes, *Elisabeth de France.*

On chantait en même temps une complainte qui fut une vogue prodigieuse; elle était sur l'air de la romance dite du *Pauvre Jacques,* que l'on savait affectionnée par Marie-Antoinette. Le dernier couplet faisait dire au roi , dont tout le crime avait été sa trop grande bonté :

Si ma mort peut faire votre bonheur,
Prenez mes jours, je vous les donnne...
Votre bon roi, déplorant votre erreur,
Meurt innocent et vous pardonne.

Reste à mentionner, pour mémoire, la *Mort de Louis XVI*, tragédie en cinq actes et en vers, par messire baron de Cholet , marquis de Dangeau , imprimée à Marseille , par Terrasson , vers 1820. Ce baron était une caricature de poète, dont se divertissaient beaucoup, au temps de la Restauration, les jeunes littérateurs marseillais , les deux frères Méry surtout. Nous nous abstiendrons de rien citer de cette insigne rapsodie ; la pièce est risible d'un bout à l'autre ; mais à propos d'un sujet si cruellement trempé de larmes, le rire ne depasserait-il pas l'inconvenance, ne toucherait-il pas au crime ?

IV.

Ce n'était pas assez pour les terroristes d'avoir fêté la mort de Louis XVI, à l'époque même où elle avait eu lieu ; il fallait encore instituer un anniversaire, pour témoigner périodiquement de la joie féroce que leur inspirait ce crime politique.

L'année suivante , le 2 pluviose an II (21 janvier 1794), une députation de la Société des Jacobins se présentait à la Convention et demandait à être admise à la barre.

Cette députation défila avec un détachement de la garde nationale de Paris, musique en tête. La salle retentissait d'applaudissemens.

Un membre de la Société des Jacobins, ayant obtenu la parole, s'exprima ainsi :

« Représentans d'un peuple libre , c'est aujourd'hui l'anniversaire de la mort légale du tyran. Un si beau jour, qui retrace aux âmes républicaines un acte ordonné par la raison et par la nature , comme le premier pas du bonheur pour l'humanité entière,

doit être célébré par tout homme qui sait apprécier
sa dignité. »

L'orateur continuait en déclarant que la Société
des Jacobins et une députation de la commune avaient
voulu consacrer ce beau jour et féliciter, de nouveau,
les vrais Montagnards « du courage avec lequel ils
ont été l'organe du peuple français, en anéantissant
le monstre qui le dévorait. »

Il demanda ensuite aux Montagnards de décréter
que cet anniversaire serait célébré tous les ans et consacré à la liberté.

Le président de la Convention répondit : « Que
l'anniversaire de la mort du tyran était un jour de
gloire pour le peuple français, et un jour de terreur
et de deuil pour les tyrans et leurs suppôts. « Ce jour
mémorable, continua-t-il, annonce le réveil des peuples asservis. La massue révolutionnaire est prête à
écraser ces monstres, et l'arbre glorieux de la liberté
ne périra point, quand leur sang impur en aura hu-
mecté et fortifié les racines. »

Le président ajoutait qu'une fête semblable devait
électriser le courage des sans-culottes, et que leur
démarche, attestant l'énergie des hommes qui avaient
fait le 14 juillet et le 10 août, serait prise en considération par la Convention nationale.

Un membre de la Convention se leva et demanda
que le vœu des Jacobins fût converti en décret, afin
que, tous les ans, à pareil jour, il fût célébré une fête
civique, dans toute l'étendue de la République.

Cette proposition ayant été décrétée, Couthon

prit la parole et déclara excellent le décret qui venait d'être rendu ; il dit : « Qu'autrefois les tyrans faisaient célébrer, par les peuples qu'ils avaient asservis, l'anniversaire de leur naissance , qui était un fléau pour l'humanité.» «Vous venez, ajoute-t-il, de décréter la mort d'un d'entre eux , mort qui a été un bienfait pour l'humanité ; vous avez , aujourd'hui , bien mérité de la patrie. »

Couthon demanda , de plus , que la Convention « exprimât cette pensée, terrible pour les tyrans et consolatrice pour les peuples : *mort aux tyrans , paix aux chaumières.*» (Adhésion unanime). Couthon demanda encore qu'à cette déclaration on joignît le serment de *vivre libre et mourir.* (La Convention entière prêta ce serment.) Enfin, il voulut « qu'une députation de douze montagnards s'associât aux jacobins qui devaient se rendre au pied de la statue de la liberté , pour célébrer cette heureuse journée. »

Sur la proposition de Billaud-Varennes, ce ne furent pas douze membres, mais la Convention en masse qui se rendit, à la suite des jacobins , sur la place de la Révolution.

Au moment où on s'apprêtait à lever la séance , un pétitionnaire, envieux de montrer sa belle voix, sollicita la faveur de chanter un hymne patriotique très à l'ordre du jour; il lui fut répondu qu'il la chanterait au pied de la statue de la liberté. On se mit en marche. La musique exécutait le fameux air : *Veillons au salut de l'Empire* , air des moins sanguinaires, soit dit en passant, et dont les paroles révolutionnaires avaient été mises sur une folâtre mélodie de l'opéra *Renaud d'Ast*, musique de Daleyrac.

V.

A Marseille, l'anniversaire du 21 janvier ne fut point célébré en 1794. La ville était alors complètement terrorisée ; le tribunal révolutionnaire n'allant pas assez vite en besogne, au gré des représentans du peuple en mission, une commission militaire composée de cinq Parisiens, qui ont laissé parmi nous d'exécrables souvenirs, venait d'être nommée, le 17 nivôse, par les représentans, et installée le 1er pluviôse (juste la veille du 21 janvier) par la commission municipale.

Pour bien peindre la situation de Marseille à cette époque, nous n'avons qu'à puiser dans nos notes recueillies aux sources officielles (1). On ne saurait se douter de toutes les atroces folies commises dans ces temps malheureux, que quelques écrivains osent encore appeler un mal nécessaire.

Marseille avait été débaptisée, elle ne s'appelait plus que *ville Sans-Nom*, c'est ainsi que l'avaient

(1) Les archives de la Préfecture et de la Mairie.

décidé les représentans Fréron, Paul Barras, Salicetti et Ricord, par un décret du 17 nivôse, daté du port de la Montagne (Toulon).

Ce même arrêté prescrivait la démolition immédiate de tous les édifices où s'étaient tenues les assemblées des sections fédéralistes et du comité général, c'est-à-dire de plusieurs monumens ou lieux publics, tels que l'église de St-Ferréol sur la place de ce nom, celle des Accoules, la salle des concerts qui se trouvait sur la place Royale, alors place de la République, et enfin de l'Hôtel-de-Ville. Sauf ce dernier monument, dont on avait déjà démoli le balcon, tous les autres furent rasés.

Ce fut en vertu de l'arrêté cité plus haut que le 1er pluviôse an II la municipalité donna avis qu'il serait procédé le 11 du courant, à la vente et adjudication des « repaires sectionnaires » dont la démolition avait été ordonnée (1).

Le même jour, le général de division Lapoype (noble dauphinois renégat) publia l'avis suivant :

« Le général de division Lapoype, commandant la place *Sans-Nom* en état de siége, aux citoyens de cette commune.

« En vertu de l'arrêté des représentans du peuple, en date du 30 nivôse, tous les habitans de la commune *Sans-Nom* sont requis de se trouver, aujourd'hui premier pluviôse, dans le lieu de leur domicile, à dix heures précises du soir.

(1) Archives municipales : Placards.

« Ils sont avertis que de nombreuses patrouilles d'infanterie et de cavalerie seront commandées pour surveiller l'exécution de cet ordre , et que [tout citoyen qui n'y obéira pas, sera regardé comme suspect et mis en état d'arrestation.

« Sont compris dans le présent ordre les officiers, sous-officiers et soldats qui ne font pas partie de la garnison.

« Signé : LAPOYPE (1). »

Les mesures de rigueur , prises contre Marseille, étaient motivées par le mécontentement que donnait aux proconsuls la municipalité , composée pourtant de révolutionnaires avérés.

Elle avait délibéré de s'opposer au départ de deux bataillons qui avaient reçu l'ordre de marcher contre Toulon , et avaient ainsi méconnu l'autorité des représentans du peuple Barras et Fréron.

Ceux-ci, dans la proclamation adressée à toutes les communes du Midi, flétrissaient, en termes énergiques, la conduite de la municipalité, et représentaient Marseille comme la cause originelle , primordiale de presque tous les maux intérieurs qui avaient affligé la patrie ; à leur sens, l'histoire des peuples offrait peu d'exemples de contradictions aussi étranges que celles que l'on remarquait chez les Marseillais :

« Au 10 août, disaient les représentans, ils en-

(1) Archives municipales : Placards.

« voient un bataillon à Paris pour détruire la
« royauté; quelque temps après, ils en expédient
« un autre pour la rétablir. Les sections contre-ré-
« volutionnaires s'ouvrent; elles ne peuvent conte-
« nir l'affluence du peuple qui s'y précipite en foule.
« La République triomphe, les sections se ferment ;
« la salle de la société populaire ne peut contenir
« les citoyens redevenus tout-à-coup républicains.
« Le peuple applaudissait à l'assassinat des patriotes,
« il applaudit à la punition de ceux qui ont dicté
« leur sentence.

« Communes du Midi, continue la proclamation,
« trop longtemps opprimées par une cité insolente
« et dominatrice, respirez enfin du joug qu'elle
« vous imposait; vous ne l'entendrez plus vous
« menacer de ses commissaires, et ceux-ci de ses
« armées. Paisibles habitans des campagnes, on ne
« viendra plus, au nom de la fière Marseille, porter
« l'épouvante dans vos foyers, et lever des taxes
« arbitraires sur le produit de vos sueurs. On ne
« vous menacera plus de la famine; car vos greniers
« ne sont plus à Marseille ; ils sont dans toute la
« République. Jouissez donc désormais de la pléni-
« tude de tous vos droits; donnez un libre cours
« aux élans de votre cœur et de votre amour pour
« la Révolution. Marseille courbera sa tête orgueil-
« leuse sous le niveau de la loi, ou elle disparaîtra
« du sol de la République, et s'engloutira dans
« l'abîme prêt à dévorer Toulon.

« Et vous, citoyens vertueux, vrais républicains

« qui êtes restés inébranlables au milieu de tan
« d'orages , et inaccessibles à toutes les intrigues,
« la patrie saura vous distinguer et ne pas vous con-
« fondre avec des enfans dénaturés ; mais elle pu-
« nira les chefs de tous les complots ; une commis-
« sion établie par nous mettra, pour juger les con-
« tre-révolutionnaires et les infâmes sectionnaires,
« plus de célérité et d'impartialité qu'un tribunal,
« dont les passions ont dicté plusieurs jugemens. »

Quelques jours après , c'est-à-dire le 9 pluviôse,
la commission municipale prescrivit un recensement
général des habitans de Marseille.

Comme tout ce qui se faisait à cette époque, cette
mesure porte avec elle un cachet spécial. C'est donc
ajouter un document curieux de plus à l'histoire
administrative de notre ville que de relater ici la
proclamation qui fut publiée à cette occasion :

« La commission municipale,

« Considérant qu'il est temps enfin d'obtenir un
recensement exact et général de tous les citoyens de
la commune, pour connaître parfaitement la population de ses habitans et assurer efficacement leur sub-
sistance ;

« Considérant que la mesure de délivrer des car-
tes de rations est déterminée par des motifs sages et
salutaires, mesure qui aura lieu dans le courant de la
prochaine décade.

« *Requiert tous les citoyens domiciliés dans la
ville d'être retirés dans leur maison ce soir, à
dix heures précises , afin qu'ils puissent donner*

tous les renseignemens dont auront besoin les commissaires préposés pour parfaire le tableau du recensement.

« *Les citoyens qui résident temporairement à la campagne, sont tenus de rentrer dans la ville pour participer à cette disposition ; sont seuls exceptés ceux qui sont domiciliés à la campagne, dans laquelle la même mesure sera prise immédiatement après.*

« Fait à *Sans-Nom,* dans la maison commune en conseil, le 9 pluviôse, l'an second de la République française, une et indivisible.

« Les membres de la commission municipale délégués par les représentans du peuple près les départemens méridionaux.

« Signés : NOUET, président ; Paulin CLÉMENT, PARIAN, LAMBERT, ARNOUX, MOUREN, CHAPPE, GARCIN, GARRET, MICOULIN, RICHAUD et POUVAREL. BENECHE, secrétaire-greffier.

« Vu par nous général de division, commandant de la place Sans-Nom en état de siége.

« LAPOYPE (1). »

Cette opération qui n'était pas autre chose qu'une véritable perquisition générale, ne fut pas la seule, du même genre, qu'on pratiqua vers cette époque.

---

(1) Archives municipales. Collection des placards.

L'unique journal qui ait existé à Marseille , pendant
la Terreur : *La Tribune populaire de Marseille* ,
dont nous avons pu recueillir quelques rares numéros, donnait à ses lecteurs à la date du 28 floréal an
ii (17 mai 1794), la réjouissante chronique locale
que voici :

« On a fait ce matin, 26 courant, à deux heures ,
une visite générale domiciliaire, qui a purgé Marseille de tous les scélérats qui y étaient cachés, et qui
a achevé de faire partir pour les armées tous les jeunes gens de la première requisition ; dans l'espace
d'une heure, la ville a été cernée au dehors, et chaque
maison a eu une sentinelle; de manière que personne
ne pouvant sortir, nul n'a pu échapper aux recherches
des autorités qui étaient à la tête de cette opération
salutaire. On a trouvé assez de jeunes pour former
un nouveau bataillon, beaucoup de marins, *plusieurs
gibiers de guillotine*, et à peu près deux cents personnes bonnes à être détenues jusqu'à la paix. »

Le comité de salut public ne vit pas avec plaisir.
et ce n'est pas peu dire, tous ces actes arbitraires ; il
n'approuva pas l'arrêté des représentans qui avait
enlevé son nom à notre ville et fit arrêter les travaux
de démolition de la maison commune, dont on avait
déjà abattu le balcon monumental.

Nous nous sommes permis cette digression afin
d'expliquer pour quelle raison le 21 janvier 1794 il
n'y eut pas de fête à Marseille ; comme on vient de
le voir, les représentans du peuple avaient trop à faire
pour s'occuper d'une réjouissance publique.

VI.

Les démagogues ne pouvaient ignorer que la grande majorité de la nation répudiait les excès de la révolution ; ils eurent cependant la folie de croire qu'en essayant de refaire l'éducation du peuple au moyen de livres élémentaires, conçus dans l'esprit terroriste, ils parviendraient à faire dévier le bon sens public et à façonner les âmes au sans-culotisme.

Nous avons en mains un certain nombre de petits livres destinés à la jeunesse et imprimés à cette époque, livres qui nous donnent la mesure des efforts tentés pour atteindre ce but.

Sans trop nous éloigner du sujet qui nous occupe, nous citerons deux de ces livres qui méritent réellement une mention particulière.

Le premier, est un opuscule in-12, intitulé : *Journées mémorables de la révolution française , par demandes et par réponses , à l'usage de la jeunesse républicaine, par un citoyen de la section du Mont-Blanc* (imprimé à Paris, en l'an III, et en vente à la librairie Barba.)

Ce livre a été publié peu après le 9 thermidor. Les *Journées mémorables* sont, cela va sans dire, le 14 juillet ; la fuite du roi, le 10 août, etc., etc.

Le dixième chapitre est consacré à la journée du 21 janvier. Il est intitulé : *La mort du tyran Louis XVI.*

Voici quelques-unes des demandes et des réponses qu'il renferme.

A propos du jugement et de la condamnation du roi :

— « A quoi le tyran employa-t-il ses derniers momens ?

— « Il ne lui restait plus que vingt-quatre heures à vivre , pendant lesquelles il ne s'occupa que des vains préjugés dont les prêtres avaient su nourrir son cœur.

— « Louis ne fit-il pas un testament?

— « Oui , par l'organe de ces mêmes prêtres . Il en fit un , où, déployant toute la fureur du fanatisme et de la tyrannie , il essaya encore d'exciter la compassion des âmes faibles.

— « N'eût-il pas mieux valu qu'il récapitulât tous les crimes dont il s'était rendu coupable pendant sa vie, et qu'il en transmît le tableau à la postérité, pour servir de leçon terrible aux tyrans ?

— « Oui , sans aucun doute.

— « Quel jour et de quelle manière se fit l'exécution :

« Le 21 janvier (2 pluviôse) le bruit des tambours avertit les citoyens de prendre les armes , afin de tromper la malveillance du parti royaliste, qui n'avait plus d'autre ressource que de faire un coup d'éclat pour sauver le tyran. A neuf heures du matin, on fit sortir Capet de la Tour-du-Temple : deux cents mille hommes formaient une haie impénétrable , depuis sa prison , dans toutes les rues où il passa jusqu'à la place de la Révolution, où il subit le châtiment dû à ses forfaits ; à dix heures du matin , il avait vécu. Sa tête était tombée sous le glaive de la loi. Un cri général se fit entendre : Vive la nation ! vive la République ! périssent ainsi tous les tyrans ! Antoinette suivit son époux de près.

« La nation couverte auparavant d'un voile lugubre, prit un aspect plus riant ; l'on respira un air plus pur, et la terre engraissée du sang du despote et de ses complices , multiplia les trésors que nous puisons dans son sein. »

L'idylle brochant sur la tuerie... c'était le goût du jour.

Il importe de noter en passant les sentimens de haine que l'auteur de cet infâme livre élémentaire exhale contre le tyran Robespierre, dans son dernier chapitre consacré à la journée , cette fois vraiment mémorable, du 9 thermidor.

L'autre petit livre est un *Syllabaire républicain* pour les enfans du premier âge. Il se vendait trois sols. En lisant cet opuscule, on serait loin de se douter qu'il est destiné à des enfans à peine sevrés ; il renferme, entre autres excentricités, un mâle serment républicain qui commence ainsi : « Nous promettons, en vrais républicains, que nous exterminerons tous les tyrans, tous les despotes coalisés contre notre sainte liberté ; que nous promènerons le niveau redoutable de l'égalité, pour abattre tout ce qui s'élèvera au-dessus de l'expression solennelle de la volonté générale, etc., etc.

Suivent deux pages dans ce style plein de grâces enfantines.

Vient ensuite l'œuvre capitale, qui est une parodie des commandemens de Dieu et de l'Eglise, changés en commandemens de la République et de la Liberté.

Voici les dix commandemens de la République :

1. Français, ton pays défendras
   Afin de vivre librement.
2. Tous les tyrans tu poursuivras
   Jusqu'au-delà de l'Indostan.
3. Les lois, les vertus soutiendras
   Même, s'il le faut, de ton sang.
4. Les perfides dénonceras
   Sans le moindre ménagement.
5. Jamais foi tu n'ajouteras
   A la conversion d'un grand.
6. Comme un frère soulageras
   Ton compatriote souffrant.
7. Lorsque vainqueur tu te verras
   Sois fier, mais sois compatissant.
8. Sur les emplois tu veilleras
   Pour en expulser l'intrigant.

9. Le dix août sanctifieras
   Pour l'aimer éternellement.
10. Le bien des fuyards verseras
    Sur le sans-culotte indigent.

Les six commandemens de la Liberté :

1. A ta section tu te rendras
   Au germinal strictement.
2. Connaissance de tout prendras
   Pour ne pécher comme ignorant.
3. Lorsque ton vœu tu émettras
   Que ce soit toujours franchement.
4. Tes intérêts discuteras
   Ceux des autres également.
5. Jamais tu ne cabaleras
   Songe que la loi le défend.
6. Toujours tes gardes monteras
   Par toi-même et exactement.

Les démagogues se flattaient, sans doute, qu'à l'aide d'un pareil enseignement, il leur serait facile de faire peser plus longtemps sur notre belle France le régime détestable qu'elle eut à subir dans ces temps néfastes.

VII.

Le 19 nivôse de l'an III , la Convention nationale crut nécessaire de mieux fixer, par une nouvelle loi, la célébration de l'anniversaire du 21 janvier.

Dans l'exposé des motifs , on remarque la crainte que faisait déjà naître la pensée d'une réaction , même au sein de l'assemblée régicide; l'orateur ne manque pas de dire qu'en consacrant cet anniversaire par une fête publique, on satisfera non-seulement au bien du peuple mais que ce sera aussi confondre à jamais *quelques scélérats , reste impur de la cour de Capet* , qui osaient conserver encore de coupables espérances.

« Vous déjouerez , disait le rapporteur, les manœuvres de quelques intrigans obscurs, qui s'agitent autour de vous et s'efforcent de troubler l'ordre public. Nous les avons vus , ajouta-t-il avec force, ces royalistes imprudens , cherchant à fomenter des divisions parmi les représentans du peuple , et pous-

6

sant l'audace jusqu'à dire que, dans cette assemblée
même, il existait encore des partisans de la royauté.»

A ces mots la Convention toute entière se leva
pour protester. Dans le nombre se trouvaient des
sans-culottes qui devaient, quelques années plus
tard, échanger la carmagnole contre l'habit brodé,
et déserter le drapeau de la démocratie pour aller
au devant de toutes les faveurs et briguer même la
particule nobiliaire ; ces hommes ne furent pas les
moins énergiques à répéter mille fois le cri de :
*Vive la République ! périssent à jamais les ty-
rans du monde !*

Quand cette explosion d'enthousiasme terroriste
fut calmée, l'orateur proposa de décréter que le 21
janvier serait célébré dans toute la République.

« Ce n'est pas assez, répliqua un' autre membre,
que cette fête soit célébrée dans l'intérieur de la République ; l'allégresse générale doit retentir au milieu des camps : que les soldats français soient appelés
à la partager ; que dans le pays conquis, sous les
yeux du stathouder, de l'empereur, des tyrans de
Sardaigne et d'Espagne, de leurs esclaves, les enfans
de la liberté chantent la chute des trônes et la mort
des Rois ! Que les rives de l'Escaut, de la Meuse et
du Rhin ; que les montagnes des Alpes, des Pyrénées
et du Piémont ; que les rochers des mers et les
échos retentissent et répètent les cris de : *Vive la liberté ! Guerre et mort aux tyrans !* Ils n'ont pas
besoin les généreux défenseurs de la liberté, ils n'ont
pas besoin d'un plan du comité d'instruction publi-

que pour célébrer dignement ce jour mémorable :
leur plan de fête, c'est le plan d'une bataille. Le
signal de l'allégresse publique sera pour eux le signal de la victoire. »

A la suite de ces diverses motions, l'assemblée
vota une loi conçue dans ces termes :

Du 24 nivôse, l'an troisième de la République
française une et indivisible,

La Convention nationale décrète ce qui suit :

Art. Iᵉʳ. Conformément au décret du 18 floréal,
l'anniversaire de la juste punition du dernier roi des
Français sera célébré le 2 pluviôse prochain, correspondant au 21 janvier, par toutes les communes
de la République et par les armées de terre et de
mer.

II. La Convention nationale s'en rapporte au zèle
et au civisme des agens nationaux près les communes pour l'exécution du présent décret.

III. Les représentans du peuple près les armées de terre et de mer feront célébrer cette fête de
la manière la plus convenable aux localités, et la
plus digne de l'intrépidité des défenseurs de la
patrie.

IV. Le comité d'instruction publique présentera,
sous trois jours, le plan de cette fête pour la commune de Paris.

V. Le 3 pluviôse, les comités de salut public, de
sûreté générale et de législation, feront un rapport
sur les individus de la famille Capet actuellement
en France.

VI. Le présent décret et l'extrait du procès-verbal de la séance du 19 seront envoyés aux départemens et aux armées.

Le comité de salut public enverra le présent décret par des courriers extraordinaires aux armées qui sont en Espagne, en Italie, et partout où il sera nécessaire, pour que la fête ait lieu au jour indiqué.

L'insertion au bulletin tiendra lieu de promulgation.

VIII.

Ainsi que l'avait voulu la loi du 21 nivôse an III, un programme spécial régla, pour Paris, les détails de la fête du 21 janvier. Dans les départemens, ce soin fut laissé aux agens nationaux qui eurent à s'entendre avec les autorités constituées.

A l'occasion de la première fête du 21 janvier (1795). à Paris, un incident curieux se produisit, le jour même, à la Convention. L'Institut national de musique. s'étant réuni au sein de cette assemblée, fit entendre un morceau de musique doux et mélodieux qui fut accueilli par les murmures d'une des parties de la salle.

Tout-à-coup, du milieu de ces murmures, un membre de la Convention demande énergiquement la parole. La musique cesse. On invite l'interrupteur à s'expliquer. Il monte à la tribune et dit :

« Je demande si c'est la mort du tyran que l'on célèbre aujourd'hui. Si c'est en sa faveur ou contre lui...» Cris : à l'abbaye ! (L'abbaye était une prison rendue trop célèbre par les massacres de septembre). L'orateur reprend : « Je ne crois pas qu'aucun de mes collègues prétende que j'aie parlé contre lui ou contre le peuple. J'ai voulu demander si les musiciens , dans le morceau qu'ils viennent d'exécuter, avaient entendu déplorer la mort du tyran, ou bien célébrer l'anniversaire de cette journée. Je demande qu'ils s'expliquent. »

L'institut musical peu soucieux, sans doute, d'envenimer le débat , fit entendre immédiatement l'air *Ça ira* et divers autres chants non moins patriotiques ; puis le citoyen Goffée (1), appartenant à ce corps, parut à la barre pour disculper l'Institut national du reproche qui venait de lui être adressé.

« Citoyens représentans, s'écria Goffée, est-il possible qu'un doute aussi injurieux se soit élevé sur les intentions des artistes qui sont réunis dans cette enceinte ! Que ceux qui ont célébré la mort du tyran on les accuse de venir ici le pleurer ! On se livrait aux douces émotions qu'inspire aux âmes sensibles le bonheur d'être délivré d'un tyran, et de ces sons mélodieux on eût passé aux chants mâles de la musique guerrière et on eût célébré nos succès en Hollande et sur toutes nos frontières. Citoyens représentans ,

---

(1) Ce nom de : citoyen *Goffée* ne serait-il pas, par hasard, celui de Gossec le compositeur, dont, pour le moment, la lyre était au service de la révolution ?

mars 71

nous marcherons constamment pour culbuter les tyrans et jamais pour les plaindre.»

Après une pareille profession de foi , on eût été
bien exigeant de demander autre chose, aussi l'assemblée témoigna à l'orateur toute sa satisfaction par de
nombreux applaudissemens.

La Convention, suivie du peuple, se rendit, comme
l'année précédente, sur la place de la Révolution, en
face de la statue de la Liberté. Là, avant la prestation du serment obligé de haine à la royauté et aux
tyrans, le président prononça un discours de circonstance.

Le même jour, vers le soir, il se forma un cortége de jeunes gens qui voulurent, eux aussi, célébrer une autre fête. Suivis d'un grand nombre d'ouvriers, ces jeunes gens promenèrent dans les rues de
Paris, sur un brancard, un mannequin qui représentait l'affreux Marat ; après une station au lieu où
étaient religieusement conservées la baignoire et la
lampe de cet atroce folliculaire, le mannequin fut
agenouillé devant le buste de Marat, qui ornait cette
chapelle d'un nouveau genre ; le cortége s'étant remis en marche , s'arrêta définitivement devant la
porte du club des jacobins, rue Saint-Honoré, où
un orateur, homme du peuple, reprocha à Marat
toutes ses infàmies. Après ce discours, le mannequin
fut brûlé, et ses cendres jetées dans l'égoût de Montmartre. La jeunesse dite *dorée* qui voulait en finir
avec les terroristes, et qui venait de faire cette exécution, aux applaudissemens de tous les assistans.

plaça cette inscription sur l égoût de Montmartre :
Panthéon des jacobins du 9 thermidor.

Il est curieux de remarquer que Tallien demanda
également , ce jour-là à la Convention qu'un décret
fût rendu pour ordonner la célébration du 10 thermidor.

Veut-on avoir une idée de ce que, à propos de la
fête du 21 janvier, écrivaient les publicistes de l'an
III ? Que l'on écoute l'un d'eux, qui du moins, n'a-
vait d'atroce que le style... et la peur, cela se com-
prend : « Cette fête, écrivait Mercier, dans son tableau de Paris, est grandement patriotique (le père
Duchêne aurait corrigé la tiédeur de ce *grandement*
en y substituant un adverbe, autrement sans-cu-
lotte). C'est une fête républicaine immortelle ! Tous
les rois de la terre ont senti sur leur nuque le coup
de la guillotine qui a séparé la tête de Louis XVI de
son corps. Il n'est plus , et s'il le faut , je danserai
positivement sur sa cendre. »

IX

A Marseille, l'anniversaire du 21 janvier fut célébré pour la première fois, en 1795. Si, en 1794, l'administration municipale n'avait pas pu donner un libre cours à ses sentimens de pur jacobinisme, elle prit une revanche éclatante en 1795.

La fête régicide fut annoncée par les officiers municipaux de la commune, dans les termes que voici :

« Une fête, chère à tous les cœurs républicains va se célébrer. Le jour où le tyran expia ses forfaits, le jour où la France libre vit le char de la révolution s'avancer dans la carrière du républicanisme, ce jour qui présagea aux brigands couronnés la destinée qui les attend, fut celui où le peuple français rentra dans l'exercice de sa toute puissance, l'époque glorieuse où la république s'assit sur les débris du trône, doit être particulièrement honorée par la commune qui porta de si terribles coups au despotisme.

« Que l'allégresse la plus vive anime donc les
cœurs des ennemis de la tyrannie ; qu'ils renouvel-
lent le serment sacré de *vivre libre ou mourir*. Que
Marseille démente les bruits injurieux qui se répandaient contr'elle ; que toujours fidèle à sa représentation nationale, qui fonda les bases de la république, que toujours soumise aux lois que cette représentation rend pour le bonheur des Français, et pour
l'affermissement de la liberté, elle s'unisse à ce point
de ralliement, où réside l'espoir de l'indépendance du
genre humain.

« Le traître Capet tomba le 21 janvier 1793 (vieux
style); que dans l'anniversaire de ce jour, tous les
bons citoyens, tous les vrais républicains se rassem-
blent autour de l'autel de la patrie ; que les cris de :
Vive la République ! Vive la Convention ! y soient
mille fois répétés ; mais qu'au milieu de cet élan du
patriotisme, ce serment d'être vertueux et probes y
soit solennellement prononcé ; car la vertu seule
réunie au civisme constitue le vrai républicain. »

Ces *mais* et ces *car*, glissés dans ce bouquet de la
proclamation municipale, n'avaient rien de bien flat-
teur pour les républicains marseillais ; ils n'en parti-
cipèrent pas moins docilement à la solennité dont il
s'agit et dont le programme fut celui-ci :

Le cortége, parti de la maison commune, passa
sur le port, contourna la Cannebière, suivit la rue
Brutus (rue Beauvau), prit la gauche du Grand-
Théâtre, tourna par la rue Cincinnatus (rue Paradis),
monta à la rue Libertat (rue Mazade), et prit la rue

des Phocéens (rue de Rome) pour arriver à l'autel de la patrie, où furent exécutés des hymnes patriotiques. Il reprit ensuite sa marche par la rue Marat (rue Noailles) jusqu'à la fontaine du Dix-Août (allées de Meilhan), rentra par la porte des Fainéans, descendit la rue Tapis-Vert, suivit la Grand'Rue jusqu'à la rue de la Prison et rentra finalement à la maison commune.

Le cortége était ainsi formé :

Un escadron de cavalerie avec le guidon républicain. — Une compagnie d'infanterie, au centre de laquelle était le bataillon des Marseillais du 10 août portant son drapeau. — La section ou arrondissement n° 11. — Le commissaire central et les autres commissaires. — Les autres arrondissemens suivaient le n° 11, qui avait mérité la primauté en défendant à main armée le pouvoir conventionnel dans Marseille, quand les autres sections de la ville organisaient la révolte contre le pouvoir exécré. — Les artistes du théâtre de la République avec leurs instrumens. — Les élèves des écoles primaires avec leurs instituteurs. — Les administrateurs des hospices. — Les agens des puissances neutres. — Les amis de la liberté et de l'égalité. — Une compagnie d'infanterie au centre de laquelle figuraient les membres du bataillon qui avait assisté au supplice de Louis XVI, portant leur drapeau. — L'administration de la marine et les élèves de l'école maritime. — Les musiciens et musiciennes du théâtre Brutus, ainsi que les artistes réunis munis d'instrumens et exécutant des chœurs.

— Les prud'hommes. — Le comité de surveillance.
— La municipalité. — Le représentant du peuple.
— Le commandant de place et son état-major. —
Le district. — Le département. — Les conserva-
teurs de la Santé. — Le tribunal criminel. — Le
tribunal militaire. — Le tribunal de conciliation. —
Le tribunal de commerce. — Les juges de paix. —
Les agences d'Afrique et de commerce. — Le bu-
reau de bienfaisance. — Le bureau de répartition.
— Un escadron de cavalerie fermait la marche.

L'auteur dramatique Lacoste-Mézière, devenu
journaliste à Marseille, disait à propos de l'anniversaire marseillais :

« Le duodi de la première décade de pluviôse an
III, on a célébré la chute de Louis Capet seizième
et dernier tyran du nom. Nous ne parlerons point de
la cérémonie que toute la ville a vue ; nous dirons
seulement qu'elle a dû rappeler aux Marseillais qu'ils
ont, peut-être, les premiers et sûrement le plus
contribué à ce grand évènement qui a si bien raffer-
mi notre liberté ; que rien de ce qui peut l'ébranler
ne doit leur être indifférent, et que puisqu'ils en sont
une des premières et principales causes ils doivent
en être les premiers et les principaux appuis. Le
moyen le plus sûr pour eux de la maintenir imper-
turbable c'est de faire indivisiblement corps avec la
nation représentée par la Convention nationale..... »

Le journaliste continuait en affirmant, comme on
n'a jamais manqué de le faire depuis, après chaque
révolution nouvelle, qu'il n'y a point de salut hors

du gouvernement existant. Il n'en faisait pas moins remarquer dans l'article suivant que le peuple mourait de faim « à côté des marchés pleins de denrées de première nécessité. » Le journaliste en prenait texte pour tonner contre les accapareurs :

« Que l'amour de la patrie électrise enfin nos âmes, s'écriait-il, souffrons sans murmurer les maux inévitables dans une révolution telle que la nôtre ; mais ne les aggravons pas par des vues d'intérêt personnel , indignes d'une nation régénérée à la liberté. Soit voué au mépris l'homme assez dégradé gour être indifférent à la misère publique , à la haine de ses compatriotes , celui qui est assez cruel pour en profiter pour s'enrichir ! L'anthropophage ignorant, qui se nourrit de la chair et s'abreuve du sang de ses semblables, est cent fois moins inhumain , moins barbare que lui... Il ne sait pas ce qu'il fait.»

Conformément au décret de la Convention, l'anniversaire de la *mort du tyran et de l'affermissement de la république française,* fut également célébré, avec une pompe inusitée, à Lyon. Malgré la rigueur de la saison et la misère profonde qui décimait les habitans de cette malheureuse cité, malgré sa répugnance pour toutes ces saturnales, et le souvenir encore récent des horreurs dont elle avait été le théâtre , la seconde ville de France dut se livrer aux transports d'une allégresse de commande , et fournir, bon gré mal gré, aux représentans du peuple Tellier et Richaud, les élémens d'un chaleureux rapport qu'ils adressèrent à la Convention.

Voici quelle fut la partie la plus saillante de la fête lyonnaise; elle mérite les honneurs de la reproduction, à cause de quelques particularités qui peignent bien les mœurs de cette époque, étranges quand elles n'étaient pas horribles.

Les représentans du peuple, environnés des autorités constituées, des chefs des différens corps militaires et d'un grand nombre de citoyens, se rendirent, le soir, à la maison commune. Une foule immense occupait déjà la place de la Liberté (la place des Terreaux). En face de l'hôtel-de-ville avait été élevé, par les soins des magistrats populaires, un monument, propre, disaient les conventionnels dans leur rapport, à *inspirer et à nourrir la haine de la tyrannie et l'amour de la liberté et de la République*. Là, sur un théâtre, on voyait une sorte de trône sur lequel était assis un simulacre de roi, couvert de la peau d'un tigre; au pied du trône, on avait représenté la noblesse, sous l'emblème d'un loup dévorant qui tenait dans ses griffes la légende suivante : *Droits féodaux, cruautés, oppression.* A droite, le clergé était figuré par un renard, avec ces mots : *Dimes, hypocrisie.* A gauche, le fisc et les fermiers généraux sous l'image d'un vautour, tenant dans ses serres les édits destructeurs de l'industrie et du commerce, avec cette inscription : *Traites, aides, gabelles, rapines.*

Le cortége, après avoir fait le tour de ce monument, environna l'arbre de la liberté, et là, les magistrats jurèrent avec le peuple *d'exterminer qui-*

conque oserait demander des fers. **A** ce serment succédèrent des chants de victoires et des hymnes patriotiques. La musique fit retentir les airs de ses sons mélodieux. Tout à coup un dragon allumé s'élance avec la rapidité de l'éclair et va frapper le tyran sur son trône. Il communique le feu à une pièce d'artifice qui s'enflamme et fait voler en éclats la tête du tyran. Le feu brille de toutes parts ; le trône et le tyran, le clergé et la noblesse et les allégories qui les environnent deviennent la proie des flammes, et la foule fait retentir les airs des cris de : *Vive la République! vive la Convention! mort aux tyrans!*

Après cet autodafé, les citoyens réunis à l'hôtel-de-ville dansèrent jusqu'à une heure très-avancée de la nuit; la foule se porta aux divers théâtres de la ville, où il y eut des représentations gratuites dont, bien entendu, le programme était formé de pièces éminemment patriotiques. L'hôtel-de-ville fut, de plus, illuminé : diverses inscriptions figuraient sur des transparens. Une, entr'autres, au centre de la façade ainsi conçue : *A la représentation nationale le peuple de Lyon reconnaissant.*

X.

À Paris, en 1796, le 1er pluviôse, correspondant au 21 janvier, le Directoire se rendit en grande pompe au Champ-de-Mars, et y prêta le serment de haine à la royauté.

Le même jour, on célébra à Marseille, sur les Allées, pour la seconde fois, la fête anniversaire de la *mort du tyran*. Il y eut revue, discours et prestation de serment. D'après l'ordre et à l'exemple du Directoire, on jura haine à la royauté. Le soir, aux deux théâtres il y eut spectacle patriotique : on joua *Brutus, la mort de César, Guillaume Tell* ; les représentations furent terminées par le *Chant du Départ*.

Il est probable que les réjouissances marseillaises durent être bien pâles, en 1796. La misère étendait ses ravages dans cette cité, naguère si commerçante et si riche. Par surcroît le fléau de l'agiotage était venu fondre sur notre malheureuse ville, avec son cortège d'affreux désespoir et de douleurs poignan-

tes ; il faut lire dans les feuilles locales de l'époque,
les détails relatifs à l'incroyable situation financière
du moment, situation qui était celle de la France
tout entière , par le fait de la dépréciation forcée
des assignats. On aurait peine à croire à ce qui se
passait d'étrange et d'affligeant, spécialement à la fin
de 1795 et au commencement de 1796. Si les feuilles
locales de Beaugeard et de Lacoste-Mezières n'a-
vaient eu soin d'en retracer le tableau.

C'était dans de pareilles conditions qu'il fallait que
le peuple manifestât sa joie pour l'anniversaire de la
mort du *juste*, que le langage révolutionnaire qua-
lifiait encore de *tyran* , malgré le sentiment public
qui commençait déjà à secouer le joug des milliers
de tyrans qui avaient remplacé la prétendue tyrannie monarchique.

XI.

A Paris, le 2 pluviôse an V (21 janvier 1797), les autorités constituées prêtèrent serment de haine à la *royauté* et à l'*anarchie*. On voit déjà poindre un affaiblissement du délire jacobin ; le président des cinq cents rendit cette nuance encore plus sensible en faisant précéder le serment de ces mots : « *Jurez à ces deux monstres une haine égale : c'est dans un juste milieu que la vertu se place. Un Romain s'écriait :* NI TARQUIN , NI CÉSAR; *écriez-vous :* NI CAPET, NI ROBESPIERRE, *c'est dans la Constitution de l'an III que sont écrits nos devoirs; c'est à cette arche sainte que nous devons nous rallier.* »

Le même jour, le Directoire, pour donner plus d'importance à la religion du serment , se rendit à l'église de Notre-Dame. « Là, dit un chroniqueur de l'époque, à peine le Directoire était-il entré, qu'une odeur fétide répandue dans le temple en chassa une grande partie des spectateurs. Les membres du Directoire, placés sur une estrade, furent assaillis par une nuée de poussière qui s'échappait d'un trou placé sous l'estrade. Quelques pierres mêlées à la poussière semblaient même être lancées aux Directeurs (1). »

En dépit de cet accident, dont notre chroniqueur ne fait pas connaître la cause, le président Barras prononça, pour la circonstance, un très-long discours qu'on peut lire en entier dans le *Moniteur*. Il retraça tous les abus de la monarchie, en passant, bien entendu, sous silence l'énormité de ceux qu'avaient produits les divers régimes qui s'étaient succédés depuis la chute du trône. Il parla beaucoup des dilapidations des *ministres royaux* (ceux du Directoire et les directeurs eux-mêmes étaient irréprochables, cela va sans dire), des sommes énormes que coûtait l'entretien des *courtisanes royales* (quel contraste avec les mœurs austères d'alors!) ; et faisant enfin un éloge pompeux du gouvernement représentatif, il s'écria : « La révolution a-t-elle dégénéré de sa nécessité première, parce que d'indignes Français ont tenté de faire servir uniquement à leur fortune, ce qui n'était entrepris que pour le bien de tous ?..... »

A Marseille, le même anniversaire donna lieu, cette année-là (1797), à une émeute populaire.

(1) Mémorial ou journal historique impartial et anecdotique de la révolution de France, etc., etc , 2 volumes, Paris, 1801.

Comme les années précédentes, cette fête se célébrait aux allées de Meilhan (Champ du 10 août) lorsque, tout-à-coup des troubles éclatèrent. Le commandant de place Liégard, à qui les anarchistes en voulaient particulièrement, dut lutter en personne contre une bande d'assaillans, qui furent au point de le jeter à bas de son cheval. Il fallut que le général Willot arrivât, le sabre à la main, pour délivrer son lieutenant. La cérémonie se fit néanmoins sur les Allées; il y eut des discours officiels et la prestation du serment, mais seulement quand Willot eut fait proclamer que les perturbateurs seraient passés par les armes. Le soir et le lendemain, plusieurs réactionnaires furent l'objet de violences et de tentatives d'assassinat.

Tout royaliste qu'il était au fond du cœur, le général Willot, en sa qualité de commandant supérieur au nom de la République, n'en eut pas moins à prononcer, ce jour-là, le discours que voici :

« Républicains, c'est à pareil jour que la mort du dernier roi des Français fonda, sur les ruines du trône la République une et indivisible. Ce jour mémorable nous retrace les efforts d'un grand peuple pour reconquérir les obligations sacrées du bon citoyen, les devoirs, les vertus, sans lesquelles un gouvernement libre n'exista jamais.

« Le règne du crime ne dure qu'un temps. En vain les hommes de sang s'emparèrent de l'autorité et établirent la tyrannie, la plus affreuse dont l'histoire des peuples policés ait fourni l'exemple. Des échafauds furent dressés, le sang de l'innocent ruissela à grands flots avec celui du coupable, et la cause de la liberté devint, dans les mains de quelques scélérats, un moyen de satisfaire la soif de l'or et le besoin du crime.

« Le peuple français écrasa bientôt ses nouveaux tyrans, la saine morale reprit son empire et la patrie fut sauvée.

« Une constitution sage, prenant la place d un code monstrueux, garantit, aujourd'hui, les droits de tous et nous assure l'ordre social et le bonheur.

« Rallions-nous donc, républicains, à cette arche sainte et jurons de résister jusqu'à la mort aux entreprises des factieux qui voudraient rétablir parmi nous l'anarchie ou la royauté. Vive la République ! »

A Toulouse, le même jour, le sang coula, malgré tous les efforts de gens de bien ; l'ordre public avait été trop profondément troublé en France pour qu'il fut promptement rétabli, soit matériellement, soit dans le domaine des idées. Qui oserait dire, même aujourd'hui, après soixante-dix ans de luttes et de tentatives diverses, que l'ère des révolutions est fermée pour toujours ?

En 1797, l'attitude des anarchistes nécessitait encore, à Marseille, des mesures exceptionnelles telles que celle, par exemple, que le général Liégard prit au commencement du mois de février, en faisant fouiller à la sortie du spectacle tous les assistans pour s'assurer qu'ils n'étaient pas en contravention avec l'arrêté qui défendait de porter des armes. Le 18 février, le théâtre fut cerné pour l'arrestation des conscrits réfractaires.

XII.

Le 21 janvier 1798, le Directoire se rendit, non pas à Notre-Dame, mais au *Temple de la Victoire*, ci-devant Saint-Sulpice, pour y renouveler le serment de *haine à la royauté*.

Le cortége du Directoire exécutif se composait de sa garde à pied et à cheval, des huissiers et messagers d'Etat, des ministres et de l'état-major de la division de Paris.

Arrivé dans le temple, le Directoire prit place sur une estrade qui avait été élevée au centre de l'édifice, en face d'un autel érigé à la Liberté, et sur lequel reposait le livre de la Constitution et des lois.

Des trophées militaires et les statues de la Liberté, de l'Egalité et de la Sagesse, décoraient l'enceinte du monument.

Le Conservatoire de musique occupait une vaste tribune.

Après un discours du président du Directoire exécutif, le serment suivant fut prononcé :

« Je jure haine à la Royauté et à l'anarchie ; je
jure attachement et fidélité à la République et à la
Constitution de l'an III. »

Toutes les autorités constituées prêtèrent ce serment. A l'issue de cette cérémonie, les musiciens exé-
cutèrent à grand chœur le serment républicain, paroles de Chénier, musique de Gossec. En voici les
strophes :

> Dieu puissant, daigne soutenir
> Notre République naissante,
> Qu'elle soit libre et florissante
> A tout jamais, dans l'avenir !

Jurons, le glaive en main, jurons à la patrie,
De conserver toujours l'égalité chérie ;
De vivre, de périr pour elle et pour nos droits,
De venger l'univers opprimé par les rois.
Si quelque usurpateur vient asservir la France,
. Qu'il éprouve aussitôt la publique vengeance,
Qu'il tombe sous le fer ; que ses membres sanglans
Soient livrés dans la plaine aux vautours dévorans.

On chanta aussi une ode de Lebrun, mise en musique par Lesueur, et dans laquelle on remarquait
ce passage :

> S'il en est qui veuillent un maître
> De rois en rois dans l'univers,
> Qu'ils aillent mendier des fers,
> Ces Français indignes de l'être.

Quels profonds sujets de réflexions, lorsqu'on songe que tous ces sermens de haine à la Royauté et de

fidélité à la République, que toutes ces terribles imprécations contre les fers et la tyrannie étaient formulés la veille du 18 brumaire, du Consulat et de l'Empire !

Cette même année, à Marseille, la fête du 21 janvier fut moins brillante que les précédentes ; elle passa presque inaperçue pour le bon peuple marseillais, si ce n'est qu'au sein de quelques familles royalistes on osa faire des cérémonies expiatoires, sans prendre autant de précautions que les années précédentes.

Le 23 novembre de la même année, le Directoire exécutif croit devoir prendre un nouvel arrêté relativement à la célébration de l'anniversaire du 21 janvier. Le mépris et la haine qu'inspirait à la France entière l'impéritie directoriale compliquée de terrorisme, avaient déjà prononcé contre ce misérable gouvernement une sentence de mort, exécutoire par les baïonnettes du premier général qui saurait faire pacte avec la fortune ; tout condamné qu'il était, le Directoire voulut constater qu'il continuait à se réjouir de la *mort du tyran*, et qu'il vouait, d'avance, aux gémonies celui qui oserait porter une main sacrilége sur la Constitution. En conséquence, il prit un arrêté dont l'article que voici mérite d'être connu :

« La cérémonie sera terminée par des imprécations contre les parjures et par une invocation à l'Etre suprême, pour la prospérité de la République. »

XIII.

Le 21 janvier 1799, le Directoire se rendit au temple de la Victoire, où on lisait à l'endroit le plus apparent et en gros caractères :

Si, *dans la République*, il se trouvait un traître
Qui regrettât les rois ou qui voulut un maître,
Que le perfide meure au milieu des tourmens.
                              VOLTAIRE. — *Brutus.*

Nous n'avons pas trouvé de programme pour l'anniversaire du 21 janvier 1799, à Marseille ; il existe seulement, dans les registres de la correspondance municipale, une lettre datée du 28 frimaire an VII (18 décembre 1798), adressée par le bureau central au citoyen Bonneville, directeur du théâtre des Variétés, pour l'inviter à mettre à l'étude une pièce républicaine, devant être représentée sur son théâtre, le 2 pluviôse suivant, correspondant au 21 janvier.

A peine arrivés au pouvoir, les consuls eurent hâte de supprimer la fête régicide du 21 janvier, ainsi qu'une foule d'autres fêtes qui rappelaient trop le souvenir des hommes dont le règne avait si lourdement pesé sur la France.

Le 3 nivôse an VIII (24 décembre 1799), la commission du conseil des Cinq-Cents, délibérant sur un message des consuls, qui contenait la proposition formelle de fixer les grandes fêtes nationales, décida de ne conserver que celles *qui ont été accueillies par tous les Français*, sans laisser aucun souvenir qui put faire naître des divisions parmi les amis de la République.

Deux fêtes-anniversaires seulement furent maintenues, celles du 14 juillet et du 10 août.

XIV.

Le 21 janvier 1800, une très forte réaction royaliste se produisit à Paris. Les esprits étaient las
du joug honteux qu'ils avaient trop longtemps sup-
porté.

Le 21 , au matin , un drap mortuaire de velours
noir, avec croix de satin blanc , flottait sur la porte
principale de l'église de la Madeleine. On lisait sur
la croix ces mots écrits en gros caractères : « Victi-
« mes de la Révolution , venez , avec les frères de
« Louis XVI , déposer ici vos vengeances. » Plus
bas, une fleur de lis et ces mots chers aux bons français : « Vive Louis XVIII ! »

Le même jour, une proclamation de *Monsieur*,
lieutenant-général du royaume, fit connaître l'inten-
tion de Sa Majesté d'exécuter les généreux projets de
Louis XVI de qui l'immortel testament suivait la
proclamation.

Des cris de vive le roi ! se firent entendre dans le
quartier Saint-Jacques de la Boucherie ; les habitans

empêchèrent le commissaire de police d'arracher
cette proclamation de la clémence royale. Ce fonc-
tionnaire républicain fut obligé d'avoir recours à la
force armée.

L'*Avant-coureur ou le retour à l'ordre*, journal historique et politique dont il n'a paru que quelques numéros au commencement de 1800, et auquel
nous avons emprunté les détails qui précèdent, commençait ainsi, dans son numéro du 1er février 1800,
un article consacré au 21 janvier :

« Agis, roi de Lacédémone, Charles, roi d'Angleterre, ont vu le fer parricide trancher le fil de leurs
jours ; mais une fête d'anthropophage n'a point été
célébrée un an après leur mort, mais aucune nation
n'avait jusqu'ici imaginé de consacrer l'assassinat par
une solennité publique.

« La France a vu, six années de suite, cet horrible outrage fait à la nature.

« Je te salue 21 janvier 1800 ! les royalistes français ont su t'honorer par leurs regrets ! »

La réaction était complète, la Providence allait enfin permettre le commencement de cette œuvre de
réhabilitation qui devait plus tard s'accomplir avec
tant d'éclat ; l'histoire devait se charger de venger
les nobles victimes de toutes les calomnies que la
haine et la mauvaise foi avaient accumulées, pour les
perdre aux yeux de la nation, et justifier les menées
des chefs du parti révolutionnaire.

Grâces à Dieu, les sentimens nobles et généreux
domineront toujours en France. Napoléon I", qui

connaissait si bien le caractère chevaleresque de notre nation, ne craignit pas , au commencement de ce siècle, au sortir de la révolution , de répondre à un dignitaire de sa cour, ancien conventionnel, qui l'invitait à un bal pour le 21 janvier, par ces paroles remarquables, qui produisirent une immense sensation, et qui ont été si souvent citées depuis : « *Je ne dan- * « *se pas le jour de la mort d'un honnête hom-* « *me.* »

XV.

La réaction éclatante qui s'était opérée dans les esprits en 1800, à l'occasion de l'anniversaire du 21 janvier, prouvait d'une manière évidente quels étaient les véritables sentimens de la France, soustraite de la Terreur.

Notre travail serait incomplet, si, avant d'aborder l'historique des cérémonies expiatoires qui ont eu lieu dans notre pays depuis 1814, et après avoir surtout relaté, comme nous l'avons fait, toutes les fêtes que les terroristes célébraient sous le régime révolutionnaire, nous ne disions quelques mots des cérémonies publiques, ou cachées aux regards des démagogues, que les royalistes et quelques bons français eurent le courage de célébrer pendant la révolution.

La Bretagne, l'Anjou et le Poitou, qui défendaient avec tant d'énergie leur Dieu, leur roi, leurs foyers, voyaient, chaque année, leurs prêtres fidèles grouper autour d'eux, à chaque anniversaire du 21 janvier, ces soldats héroïques de la foi religieuse et monarchique, qui, finalement, ont été écrasés mais non vaincus par la tyrannie qui tenait la France sous ses pieds.

Même dans les grandes villes, où tout obéissait aux autorités révolutionnaires et où le culte catholique était proscrit, les fidèles ne manquèrent jamais complètement de secours religieux. De courageux apôtres bravèrent le martyre, pour donner leurs soins au troupeau demeuré catholique au milieu des saturnales de l'athéisme. La célébration expiatoire du 21 janvier vint s'ajouter à celle des fêtes ordinaires de l'Eglise. Ce jour-là, dans d'innombrables réunions, un prêtre proscrit, offrait à Dieu le saint sacrifice, et priait pour les victimes royales auxquelles l'assistance et lui-même risquaient d'être réunies à l'instant même; car, plus d'une fois, des visites domiciliaires venaient interrompre ces prières de crainte et de douleur, réputées criminelles en ce temps de persécution; et l'on sait s'il y avait loin de la visite domiciliaire à l'échafaud!

De toutes les cérémonies de ce genre qui eurent lieu pendant la révolution, la plus extraordinaire est sans contredit celle qui fut célébrée le lendemain même du 21 janvier 1793, à minuit.

Le fait que nous allons raconter, et qui paraîtra, sans doute, bien extraordinaire, a été attesté par des autorités sérieuses, et les *Mémoires de Sanson*, publiés récemment, sont venus le confirmer de tous points.

Sanson, l'exécuteur des hautes œuvres, vivement
impressionné par le drame dont il avait été un des
acteurs, dans la matinée du 21 janvier, sur la place
de la Révolution, le soir de ce jour-là, ne parut
que quelques instans au sein de sa famille, suivant
le récit de l'abbé Savornin (1); il en sortit au bout
de dix minutes, et n'y rentra que vers deux heures
après minuit. Alors il dit à un des siens qui l'atten-
dait avec anxiété : « Chesneau, j'ai vu vos protégés ;
l'hiver est rude, il faut, dès demain matin, leur faire
porter du bois et des provisions qu'on renouvellera
au bout de quelques jours ; mais surtout que cela
n'ait pas l'air de venir d'ici ; je ne veux pas qu'ils
connaissent l'origine de ces secours, ces braves gens
ne voudraient pas les accepter. »

Nous allons savoir pourquoi Sanson portait à ces
infortunés un intérêt tout particulier :

« La nuit de cet homme fut affreuse, ajoute le
récit de l'abbé Savornin : le lendemain, pressé par
sa femme, il lui avoua qu'il s'était rendu en la quit-
tant, la veille, aux portes de la Villette, faubourg
Saint-Martin, dans une pauvre masure qui servait
de refuge à un prêtre insermenté et à deux religieuses chassées de leurs couvens, et qu'il avait obtenu,

(1) Notice historique sur les faits et particularités qui se rattachent à la chapelle expiatoire de
Louis XVI et de la reine Marie-Antoine, d'après
les documens officiels, par l'abbé Savornin.

de la charité du prêtre, la célébration d'une messe,
bien moins pour le repos de l'âme de Louis XVI, à
qui le martyre avait dû ouvrir les portes du ciel, que
pour la paix de sa conscience, à lui, torturée par le
remords et accablée sous le poids de l'acte qu'il avait
été forcé de commettre. »

Pendant tout le temps que régna la Terreur, Sanson fit parvenir aux réfugiés de la Villette des secours
et quelquefois même des vêtemens, leur donnant ainsi
la facilité de se soustraire aux recherches dont ils
étaient l'objet.

Au rétablissement de l'ordre et à la réouverture
des églises, Sanson fit continuer ostensiblement le
service expiatoire du 21 janvier, à l'église de Saint-
Laurent, la paroisse, où les fils et petit-fils de l'exécuteur des hautes œuvres n'ont jamais manqué d'accomplir le vœu formé par leur père et aïeul.

Quant au fait extraordinaire de la messe du 22
janvier 1793, longtemps tenu secret, il fut attesté,
plus tard, par le témoignage de la famille de Sanson,
des deux religieuses qui étaient présentes à cette
touchante cérémonie, et du vénérable ecclésiastique
qui offrit le saint sacrifice de la messe, et auquel
Sanson, qui lui était inconnu alors, offrit, pour lui exprimer sa reconnaissance, le mouchoir que l'infortuné Louis XVI tenait à la main, en arrivant au lieu du
supplice ; ce mouchoir portait encore l'empreinte de
la sueur de l'agonie et de quelques gouttelettes du
sang royal.

Si malgré tant de témoignages on pouvait douter

de l'exactitude de ces faits, si l'on pouvait supposer l'exécuteur des hautes œuvres de 93 incapable d'un soin aussi pieux en faveur de la mémoire du roi martyr, on y ajoutera foi plus aisément quand nous aurons cité la réponse, faite par Sanson lui-même, à un journal du temps, qui s'était permis, en rendant compte de l'exécution, d'altérer les faits, au profit de sa haine envers le vertueux monarque.

Dans le *Thermomètre du jour* du 13 février 1793, on lisait sous ce titre : *Anecdote très exacte sur l'exécution de Louis Capet.*

« Au moment ou le *condamné* monta sur l'échafaud (c'est Sanson l'exécuteur des autres œuvres criminelles, qui a raconté cette circonstance et qui s'est servi de ce mot *condamné*). Je fus surpris de son assurance et de sa fermeté ; mais au roulement des tambours qui interrompit sa harangue , et au mouvement que firent mes garçons pour saisir le condamné, sur le champ sa figure se décomposa ; il s'écria trois fois de suite précipitamment: *Je suis perdu !* cette circonstance réunie à une autre que Sanson a également racontée, savoir que le condamné avait copieusement soupé la veille et fortement déjeuné le matin. nous apprend que Lous Capet avait été dans l'illusion jusqu'à l'instant précis de sa mort, et qu'il avait compté sur sa grâce. Ceux qui l'avaient maintenu dans cette illusion. avaient eu sans doute pour objet de lui donner une contenance assurée, qui pourrait en imposer aux spectateurs et à la postérité; mais le roulement des tambours a dissipé le charme de cette fausse fermeté, et les contemporains, ainsi que la postérité, sauront actuellement à quoi s'en tenir sur les derniers momens du tyran condamné. »

L'exécuteur de hautes œuvres ayant eu connaissance de cet article, cru devoir réclamer contre les paroles qu'on lui prêtait. Voici ce qu'il écrivit au rédacteur du *Thermomètre* ; nous laissons à cette lettre son style et ses fautes d'orthographes :

« Citoyen,

« Un voyage d'un instant a été la cause que je n'aie pas eut l'honneur de répondre à l'invitation que vous me faite dans votre journal, au sujet de Louis Capet. Voici, suivant ma promesse, l'exacte vérité de ce qui s'est passé : Descendant de la voiture pour l'exécution, on lui a dit qu'il faloit oter son habit, il fit quelques difficultées, en disant qu'on pouvoit l'executer comme il étoit. Sur la représentation que la chose étoit impossible, il a lui-même aidé à oter son habit. Il fit encore la même difficultée, lorsqu'il cest agi de lui lier les mains, qu'il donna lui-même lorsque la personne qui l'accompagnoit lui eut dit que c'étoit un dernier sacrifice. Alors il s'informa sy les tambours batteroit toujour, il lui fut répondu que l'on n'en savoit rien. Et c'étoit la vérité. Il monta l'échaffaud. Et voulu foncer sur le devant comme voulant parler. Mais on lui représenta que la chose étoit impossible encore, il se laissa alors conduire à l'endroit où on l'attachat, et où il s'est écrié très haut : Peuple, je meurs innocent. Ensuite se retournant vers, il nous dit : Messieurs, je suis innocent de tout ce dont on m'inculpe. Je souhaite que mon sang puisse cimenter le bonheur des Français. Voilà, citoyen, ses dernières et véritables paroles.

« L'espèce de petit débat qui se fit au pied de l'échaffaud roulloit, sur ce qu'il ne croyait pas nécessaire qu'il otat son habit et qu'on lui liat les mains. Il fit aussi la proposition de se couper lui-même les cheveux.

« *Et pour rendre hommage à la vérilée, il a soutenu tout cela avec un sang-froid et une fermellé qui nous a tous étonnés. Je reste très convaincu qu'il avoit puisé cette fermctée dans les principes de la religion, dont personne plus que lui ne paroissoit pénélrée ni persuadé.*

« Vous pouvez être assuré, citoyen, que voilà la vérité dans son plus grand jour.

« J'ay l'honneur destre citoyen ,

« Votre concitoyen,

« SANSON.

« Paris, ce 20 février 1793, l'an II de la république française. »

Tel est le témoignage rendu par l'exécuteur lui-même, de la fermeté et des sentimens pieux qui animèrent le roi martyr à ses derniers instans.

XVI.

Le cimetière de la Madeleine où avaient été ense-
velis les restes de Louis XVI et de Marie-Antoinette
se trouvait voisin de la place de la Révolution, où
avaient lieu les exécutions à mort. Aussi, tout le temps
que régna la Terreur, fut-il affecté à recevoir les
restes des suppliciés, y compris ceux des victimes de
la journée du 9 thermidor.

Ce cimetière devenu bientôt insuffisant, fut frappé
d'interdiction, et l'autorité ne tarda même pas à le
mettre en vente. Un zélé royaliste, M. Descloseaux,
vénérable vieillard, propriétaire d'une maison conti-
guë à ce cimetière, et d'où il avait été témoin de la
double inhumation de Louis XVI et de Marie-Antoinette, fit l'acquisition de la partie du terrain qui
contenait les restes de ces deux martyrs. Pour
mieux cacher ses projets, dans un temps ou un pareil
culte aurait coûté cher à son auteur, M. Descloseaux
fit rehausser le mur de clôture, entoura l'emplacement, objet de ses soins pieux, d'une haie vive, fit

planter des saules pleureurs et des cyprès, et recouvrit le sol d'un simple tapis de verdure.

Lorsque la tempête révolutionnaire eut passé, « on commença, a dit M. Alfred Nettement, à se montrer mystérieusement du doigt les peupliers dont les cimes verdoyantes marquaient l'enclos acheté par M. Descloseaux, et les voisins se disaient entre eux, lorsqu'ils étaient sûrs de ne pas être entendus, que, dans cette propriété particulière, reposaient les corps du roi et de la reine. Les temps, quoique moins redoutables, étaient encore durs et mauvais, et personne ne savait quelle était l'opinion de M. Descloseaux. Dans ces jours périlleux, on cachait ses bons sentimens. comme on cache d'ordinaire une mauvaise action. Le Consulat ayant succédé au Directoire, on s'enhardit un peu. Ce fut une femme, Mlle Pauline de Tourzel, devenue comtesse de Béarn, qui osa, la première, demander au propriétaire de l'enclos de la Madeleine la permission de visiter ces lieux consacrés par les dépouilles royales qu'ils avaient reçues. Fille de la duchesse de Tourzel, gouvernante des enfans de France, elle avait vécu dans l'intimité de la reine, et elle avait été l'amie de Madame Royale. C'était par un miracle qu'elle avait échappé au massacre du 10 août, et qu'elle était sortie des Tuileries, où elle se trouvait avec la princesse de Tarente, au moment où les insurgés se précipitèrent dans le château, que les Suisses évacuaient. Par un miracle plus grand encore, Mlle de Tourzel était sortie saine et sauve. le jour même des massacres de septembre, de la prison de la Force, où elle avait été écrouée avec sa mère lorsque, par ordre de la commune, on les arracha toutes deux, ainsi que l'infortunée princesse de Lamballe, du Temple où elles avaient suivi la famille royale. Dix années s'é-taient écoulées depuis ces jours d'horreur, lorsque la comtesse de Béarn, et avec elle la princesse de Ta-rente, sa compagne de périls dans la journée du 10 août, vinrent prier et pleurer sur les restes du roi et de la reine, dans cet enclos funèbre qui gardait tout ce que la France avait conservé des Bourbons ; les survivans, en effet, étaient dispersés dans de lointains exils, et Louis XVI n'avait obtenu que six pieds de terre dans le royaume si longtemps gouverné par ses aïeux. »

Dès ce moment, l'enclos de la Madeleine reçut de temps en temps, des visites. Le vénérable M. Des-closeaux se faisait un pieux devoir de guider les visi-teurs. Ce coin de terre était sacré pour lui. Aussi veillait-il avec la plus grande sollicitude sur ce dé-pôt que la Providence lui avait confié, et qu'il devait restituer à la France quaud les Bourbons ren-trèrent.

Rien de touchant comme le récit suivant que nous empruntons encore à M. Alfred Nettement, et qui relate dans ses moindres détails la première visite que la duchesse d'Angoulême fit à l'enclos de la Ma-deleine :

« En 1814, quand la premiere Restauration s'ac-complit, et que la fille de Louis XVI et de Marie-

Antoinette rentrée en France, arriva à Paris, le premier désir qu'elle exprima à Mme de Béarn, pour laquelle elle avait conservé la vive affection jadis vouée à Pauline de Tourzel, fut d'aller visiter avec elle le funèbre enclos de la Madeleine.'Mme de Béarn a raconté, dans une page qui semble encore toute trempée des larmes de l'orpheline du Temple, les détails de cette douloureuse visite. Elle a rappelé comment le trajet s'accomplit des Tuileries à la rue d'Anjou, dans une voiture fermée, sans qu'une parole fût échangée entre la princesse, Mme de Béarn et le fils de celle-ci, seuls confidens de ce pélerinage. On eût dit que le silence de la mort avait pénétré dans cette voiture, qui ressemblait à un tombeau.

« M. Descloseaux et ses filles, avertis que leur maison devait demeurer fermée ce jour-là à tout autre visiteur, étaient à leur poste. La fille de Louis XVI descendit de carrosse en s'appuyant sur le bras de Mme de Béarn et sur celui du fils de son amie. Au moment où la voiture s'était arrêtée, la petite porte de la maison s'était ouverte sans bruit. Une des filles de M. Descloseaux, debout sur le seuil, montra silencieusement de la main aux visiteurs mornes et silencieux le chemin qu'il fallait suivre. La seconde fille, debout à quelque distance et muette comme sa sœur, montra, également par un signe, de quel côté il fallait tourner. Enfin, le vénérable gardien des deux tombes royales, qui avait alors quatre-vingts ans, se tenait debout en face du lieu où reposaient le roi et la reine, et, observant lui-même

la consigne de silence qu'il avait donnée, il indiqua
de la main l'emplacement à la princesse. Il semblait
que la parole s'éteignît d'elle-même sur toutes les
lèvres, dans ce jour de la mort visitée par la douleur,
et qu'en présence de la fille de Louis XVI et de
Marie-Antoinette, agenouillée sur ces tombes si
chères, la langue humaine se reconnût impuissante
à égaler la plainte au malheur. »

Mme la comtesse de Béarn termine ainsi son
récit :

« Une croix de bois noir marquait la place. Madame s'en approche avec un tremblement qui agite
tout son corps ; elle se jette à genoux sur ce tombeau, se prosterne, enfonce sa tête dans l'herbe qui
le couvre, et reste quelque temps absorbée dans sa
douleur. Je m'étais mise à genoux. Je pleurais et je
priais. Quand Madame releva la tête, je vis son visage
inondé de larmes : les yeux au ciel, les mains join-
tes, elle fit cette prière qui se grava dans mon cœur
et ne s'en effacera jamais :

« O mon père, vous qui m'avez obtenue, la pre-
« mière grâce que je vous ai demandée, celle de re-
« voir la France..., obtenez que je la voie heureuse! »

« Après cette prière, elle baisa la place où reposaient son père et sa mère, se releva et reprit d'un
pas chancelant le chemin de sa voiture. »

Nous allons maintenant faire connaître les cérémonies expiatoires qui furent ordonnées par le gouvernement de la Restauration dès 1814; nous dirons

avec quelle énergie, avec quelle unanimité le peuple français, débarrassé de toute contrainte , s'associa à l'immense douleur de la famille royale.

XVII.

A peine Louis XVIII fût-il remonté sur le trône de ces ancêtres qu'il ordonna des cérémonies expiatoires pour les attentats de la révolution sur les royales victimes.

Le 14 mars 1814, on célébra, à Paris , une cérémonie funèbre et religieuse, en mémoire de Louis XVI, de Louis XVII, de Marie-Antoinette et de Madame Elisabeth de France.

Le service funèbre eut lieu à l'église de Notre-Dame ; dès le matin une foule immense remplissait les rues qui conduisaient à l'antique cathédrale. La physionomie de la capitale avait le caractère d'un deuil public. On ne voyait dans les rues que des hommes en habits noir et des dames en robes de crêpe ; le bruit lugubre des cloches annonçait la cérémonie expiatoire ; le portail de l'église était tendu d'un drap noir, sur lequel se détachaient plusieurs écussons marqués aux armes de France et au chiffre du Roi.

A neuf heures, les tribunes étaient déjà encom-
brées — Louis XVIII arriva à onze heures et demie :
le canon avait signalé son départ des Tuileries; mais
le Roi parut dans l'église, à la tribune, sans que rien
eût annoncé sa présence ; il portait l'uniforme de la
garde nationale, avec un crêpe au bras ; il n'avait pas
de grand cordon par dessus son habit ; au dessous
de lui, dans la même tribune, on voyait *Monsieur*,
M. le duc de Berry et M. le prince de Condé,
dans cet ordre en partant de l'autel ; ils avaient,
comme le Roi, l'uniforme de la garde nationale ,
mais le cordon bleu sur leurs habits ; à la gauche de
la tribune du Roi était celle de la duchesse d'Angoulême ; la princesse occupait un des deux sièges
qui avaient été placés sur le devant de la tribune,
l'autre fut laissé vide.

La duchesse d'Angoulême était en grand deuil, avec
un voile noir, qui la couvrait presque toute entière ;
les yeux se fixaient alternativement sur les princes et
sur elle; mais d'autant plus particulièrement sur elle,
qu'on avait plus de peine à la voir. Son vêtement de
deuil la dérobait presque entièrement aux regards,
en la confondant avec la tenture de sa tribune et de
l'église : quel tendre intérêt, d'ailleurs, n'excitait pas
cette royale orpheline, aux pieds du mausolée de son
auguste père, de sa mère, de son frère et de sa tante!
Elle en était plus voisine que le Roi et les princes ,
sans doute, comme ayant une plus grande part dans
la douleur commune , elle devait être à la tête du
deuil, mais son sexe et l'étiquette s'y opposaient ;

ces fonctions devant être dévolue à un prince ; elles avaient été confiées à *Monsieur* et à M. le duc de Berry.

La nef seule de l'église était tenturée. On avait dressé un autel, en avant du chœur ; le catafalqne, modeste dans sa magnificence, ne renfermait qu'un seul tombeau, sur lequel on voyait la couronne de France sous un crêpe.

Après l'évangile, M. l'abbé Le Gris-Duval, prononça l'oraison funèbre de Louis XVI. Ce discours dura plus d'une heure et demie. Le roi et les princes parurent, pendant tout ce temps, profondément émus. Quant à la princesse ses pleurs ne tarirent pas, pendant toute cette partie de la cérémonie. A l'issue de l'oraison funèbre, on continua de chanter la messe avec toute la majesté que la circonstance commandait. Cette cérémonie imposante terminée, les assistans se retirèrent dans un recueillement profond.

En rendant compte de cette mémorable journée le *Journal des Débats*, du 15 mai 1814, s'exprimait ainsi :

« La cérémonie funèbre et religieuse qui vient d'être célébrée. se lie parfaitement à tous nos besoins politiques, parce qu'elle était elle-même un besoin de la morale. Malheur à qui la croirait intempestive et précipitée ! Car cette même morale, qui condamne les haines et qui proscrit les vengeances, n'ajourne pas les expiations; le gouvernement qui n'est plus, avait lui-même élevé des autels aux mânes outragées de nos rois, sur leurs tombeaux détruits ; il avait

aboli l'horrible fête du 21 janvier. Que le devoir sacré d'honorer la vertu et la royauté, conserve seul et
pacifie le souvenir de nos jours malheureux; que rien
d'amer et de violent ne corrompe les saintes émotions
dont ils remplissent nos âmes! Ah! Français, d'assez longues discordes déchirèrent les entrailles de
notre patrie! Croyons, croyons maintenant qu'il
existe un repentir, partout où il exista une faute !
C'est un des grands maux des révolutions politiques,
de laisser, à leur suite , cette idée , que chacun des
actes qui réparent , est une justice qui accuse ; éloi-
gnons une prévention si funeste, et consacrons, sans
réserve, à la garantie de l'avenir, tous les sentimens
qui ne pourraient que s'égarer dangereusement sur le
passé. »

Toutes les villes de France suivirent l'exemple de
Paris. Toutes les populations voulurent à leur tour
offrir un sacrifice expiatoire aux mânes des victimes
royales de la révolution, et n'attendirent pas l'anniversaire, encore trop éloigné du 21 janvier 1815,
pour venir aux pieds des autels mêler leurs larmes à
celles de la famille des Bourbons.

A Marseille, cette cérémonie expiatoire eut lieu le
25 juin 1814. Notre ville offrit ce jour-là une physionomie particulière. Toutes les maisons furent ornées de tentures blanches semées de larmes noires ;
les rues spacieuses offrirent çà et là, au milieu de ce
signe général de deuil, le spectacle de jardins funèbres où s'élevaient des cyprès et des saules pleureurs.

Les établissemens publics et les maisons privées rivalisèrent de décorations symboliques, par lesquelles les habitans, comme les fonctionnaires, cherchèrent à exprimer publiquement leur douleur.

L'*Hermite de Saint-Jean* nous a conservé le souvenir de quelques-unes de ces décorations particulières, qui peignent bien les vrais sentimens des Marseillais pour les augustes victimes à la mémoire desquelles elles étaient élevées.

« La justice exige, disait le rédacteur de cette feuille, que je cite particulièrement la maison Jean (1), de la rue Vacon, le café Mérentier au Cours, celui du Cul-de-Bœuf, décoré avec une rare élégance sépulcrale, et, par dessus tout, le café Escoffier sur le Port. La pyramide funéraire, qu'on voyait sous le portique de ce dernier, avait été ingénieusement conçue, et tous les attributs qui l'ornaient étaient dans un sens allégorique, adapté à la cérémonie du jour. La foule surtout admirait le *Génie de la vie*, qui laissait tomber la palme de l'immortalité sur l'urne cinéraire des augustes victimes. L'aspect de l'Hôtel-de-Ville était imposant, et à lui seul aurait pu indiquer qu'il s'agissait de caractériser un grand deuil monarchique. Les hôtels des différentes autorités ont été également distingués par leurs tentures, ainsi que plusieurs maisons particulières par leurs inscriptions. »

(1) C'était un restaurant très fréquenté à cette époque.

L'Hermite de Saint-Jean signale encore la maison n° 23 de la rue du Vieux-Concert, où on voyait quatre couronnes de cyprès entourant les portraits du Dauphin, de la Reine, de Mme Elisabeth et du duc d'Enghien. Le buste de Louis XVI figurait au milieu, couronné d'étoiles et entouré d'un faisceau de cyprès semé d'immortelles. Des inscriptions complétaient cette décoration funéraire. Beaucoup de maisons étaient également ornées d'inscriptions. Au devant du magasin de M. Mossy, libraire sur la Cannebière, la foule s'arrêtait pour lire trois quatrains (1). Il y avait cela de particulier qu'un des membres de la famille Mossy avait figuré parmi les autorités républicaines.

Tous ces signes de deuil étaient encore rendus plus sensibles par le son des glas, le bruit du canon se faisant entendre par intervalles, depuis la pointe du jour, le roulement voilé des tambours, et la physionomie de la garde urbaine, sous les armes avec des crêpes à ses drapeaux et au bras.

A dix heures, tous les corps constitués, en habit de deuil et réunis à l'hôtel du préfet, se formèrent en cortége et se mirent en marche, autorités civiles et militaires en tête. Tous les autres corps suivirent, mais non pas dans leur rang de préséance, dont l'ordre et la symétrie aurait pu faire contraste avec la douleur publique. C'est ainsi qu'on voyait pêle-mêle les administrations de la Santé, la Chambre de

(1) Journal manuscrit d'un vieux Marseillais

Commerce, les secours publics, l'enregistrement, les
hôpitaux, l'Académie récemment décorée de l'ordre
du lis, les consuls étrangers ; les deux Académies de
médecine , dont une précédée de son appariteur en
grand costume funèbre, le tribunal des prud hommes,
les chevaliers de Saint-Louis et un grand nombre de
citoyens qui s'étaient réunis à cet imposant cortége;
il longea le Port, la Cannebière et le Cours , au
milieu d'une affluence extraordinaire et dans le silence le plus profond.

Les murs de l'église de Saint-Martin disparais-
saient sous des tentures noires, et au milieu de sa
nef principale s'élevait un imposant cénotaphe. M.
l'abbé Martin Compian , vicaire-général , célébra le
service, et à l'Offertoire M. l'abbé Denans, proviseur
du Collége, prononça l'oraison funèbre de Louis
XVI.

Cette auguste et douloureuse cérémonie , à laquelle toute la ville de Marseille s'associa pleine-
ment de cœur et d'esprit , produisit d'autant plus
d'impression qu'elle changeait, pour un jour, la physionomie de notre cité , où , depuis le retour des
Bourbons, des fêtes de joie et d'enthousiasme s'im-
provisaient quotidiennement.

XVIII.

Quelques jours après la grande solennité expiatoire qui avait eu lieu à Paris, le 14 mai 1814, et
dont nous avons donné tous les détails, Louis XVIII
ordonna que l'on recherchât les précieux restes de
son frère Louis XVI et de la reine Marie-Antoinette, dans l'enclos appartenant au vénérable M.
Descloseaux.

En suite d'un ordre du roi, une information fut
faite par Monseigneur le chancelier; on entendit les
dépositions des témoins présens à l'inhumation de
Louis XVI et de Marie-Antoinette. Entre autres, on
reçut le témoignage d'un ancien vicaire constitutionnel de la Madeleine, qui avait été requis par le
pouvoir exécutif pour accompagner le roi-martyr
jusqu'au champ du repos, et veiller, en outre, à ce
que l'on exécutât les ordres prescrits par cette même
autorité, relativement à la quantité de chaux destinée à détruire *les derniers restes du dernier des*

rois, et à la profondeur de la fosse qui devrait être de dix à douze pieds.

Il y a dans la déposition de ce vicaire, datée du 22 mai 1814, quelques particularités que nous aurons garde d'omettre dans notre récit. Il y est dit que le 21 janvier 1793 il attendit à la porte de l'église de la Madeleine, accompagné d'un porte-croix et de feu M. l'abbé Damoreau, qu'on leur remît le corps du Roi.

« Sur la demande que j'en fis, ajoute-t-il, les membres du département et de la commune me répondirent que les ordres qu'ils avaient reçus leur prescrivaient de ne pas perdre de vue un seul instant le corps de Sa Majesté. Nous fûmes donc obligés, l'abbé Damoreau et moi, de les accompagner jusqu'au cimetière, situé rue d'Anjou.

« Arrivés au cimetière, je fis faire le plus grand silence. L'on nous présenta le corps de Sa Majesté; il était vêtu d'un gilet de piqué blanc, d'une culotte de soie grise et les bas pareils. Nous psalmodiâmes les vêpres et récitâmes toutes les prières usitées pour le service des morts, et, je dois dire la vérité, cette même populace qui, naguère, faisait retentir l'air de ses vociférations, entendit les prières pour le repos de l'âme de Sa Majesté avec le silence le plus religieux.

« Avant de descendre dans la fosse le corps de Sa Majesté, mis à découvert dans la bière, on jeta au fond de ladite fosse, distante de dix pieds environ du mur, d'après les ordres du pouvoir exécutif, un lit de chaux-vive ; le corps fut ensuite couvert d'un lit de chaux-vive, d'un lit de terre, et le tout fortement battu à plusieurs reprises. »

D'autres témoins furent entendus. On procéda à cette enquête avec le plus grand soin, et lorsque toutes les constatations eurent parfaitement déterminé les deux endroits de l'enclos où Louis XVI et Marie-Antoinette avaient été inhumés, Louis XVIII, pour recompenser le pieux dévouement de M. Decloseaux, lui conféra le cordon de l'ordre de Saint-Michel et lui accorda une pension reversible sur ses filles. L'Etat fit, en outre, l'acquisition d'une partie de cet enclos, où s'élève aujourd'hui la chapelle expiatoire de la rue d'Anjou.

Les 18 et 19 janvier 1815, à la veille de l'anniversaire de la mort de Louis XVI, une commission, nommée par Louis XVIII, procéda à l'exhumation des restes du roi-martyr et de Marie-Antoinette. Ces restes, consumés en très-grande partie par la chaux-vive, furent religieusement renfermés dans deux boîtes que l'on déposa dans une sorte de chambre ardente improvisée et où de nombreux ecclésiastiques ne cessèrent pas, jusqu'au 21 janvier, de prier suivant les intentions de l'église.

Le vendredi 20 janvier, de huit à dix heures du soir, on célébra dans la chapelle des Tuileries, l'office des morts. Le roi et toute la cour y assistèrent.

Le lendemain 21 janvier, à huit heures du matin, *Monsieur* et les princes ses fils, se rendirent rue d'Anjou ; quand ils se furent agenouillés devant les

restes des augustes victimes qui allaient être trans-
portés à Saint-Denis, on procéda à la pose de la première pierre du monument qui devait s'élever sur
cet emplacement.

Les cercueils ayant été ensuite placés dans le
corbillard par les gardes du corps du roi , le cortège
se mit en marche, au milieu d'une affluence considé-
rable de personnes visiblement émues. Au moment
ou les cercueils sortirent du cimetière , les nombreux spectateurs, groupés sur ce point , tombèrent
spontanément à genoux.

La foule suivit le cortège de la rue d'Anjou jusqu'à Saint-Denis, dans le plus profond recueillement.

Voici quel était l'ordre de la marche :

Un détachement de gendarmerie.

M. le gouverneur de Paris et son état-major.

MM. les officiers de la place de Paris.

Les grenadiers royaux.

Les mousquetaires noirs et les mousquetaires gris.

Les gendarmes de la garde.

Cinq voitures à huit chevaux, drapées et blason-
nées.

Trois voitures à huit chevaux , caparaçonées de
deuil. Dans ces voitures étaient *Monsieur*. Monsei-
gneur le duc d'Angoulême , Monseigneur le duc de
Berry, M. le duc d'Orléans , M. le prince de Condé,
Mme la duchesse d'Orléans, Mademoiselle d'Orléans,
Madame la duchesse de Bourbon.

Le roi d'armes et les hérauts d'armes.

Le corbillard.

Les quatre compagnies des gardes du corps.

Plusieurs corps de cavalerie.

Le convoi arriva à Saint-Denis à midi et demi.

« La nef de l'église royale était, d'après le *procès verbal de la translation* (1), coupée en deux parties par un portique formé d'un grand arc gothique et tendu de noir, comme le reste de l'église.

« Au-delà de ce portique, sous un large pavillon garni d'hermine, s'élevait le catafalque, composé d'un sarcophage surmonté de deux couronnes voilées par un crêpe funèbre, accompagnées d'un manteau de drap d'or, et du manteau royal. Au pied du sarcophage, on avait déposé la couronne, le sceptre, l'épée et la main de justice. L'intérieur du soubassement de ce sarcophage, était disposé pour recevoir les deux cercueils qui y furent apportés et placés par MM. les gardes de la compagnie écossaise. L'un et l'autre étaient couverts d'un drap noir, orné d'une croix blanche, au centre de laquelle était posée une plaque de vermeil portant une inscription.

« A la droite du monument étaient les stalles destinées aux princes, et les places occupées par MM. les maréchaux de France, MM. les ministres, M. *de Sèze*, M. *Descloseaux*, le clergé de la grande

(1) Ce procès-verbal existe au *Moniteur*, et a été publié dans le Roi-martyr ou Esquisse du portrait de Louis XVI, par M. de Moulières.

aumônerie, et les principaux officiers de la maison du roi.

« La famille *de Lamoignon* était placée sur un banc particulier.

« A la gauche, les stalles destinées aux princesses, et les places occupées par MM. les généraux, MM. les ambassadeurs, un grand nombre de membres de la chambre des pairs et de celle des députés. D'autres places avaient été réservées aux députations des cours souveraines, du corps départemental et du corps municipal. »

En l'absence du grand-aumônier, ce fut l'évêque d'Aire qui officia. L'oraison funèbre de Louis XVI fut prononcée par Mgr l'évêque de Troyes, qui, sous le nom d'abbé de Boulogne, s'était fait un grand nom d'orateur chrétien.

A l'issue de la messe, il y eut cinq absoutes ; les deux cercueils furent descendus dans le caveau, après qu'on eut dit sur eux les prières d'usage.

XIX.

A Marseille, dès le 12 janvier 1815, le conseil municipal s'occupa de la célébration de l'anniversaire du 21 janvier. M. Raymond aîné était alors adjoint au maire. Le nom de ce courageux magistrat, de cet excellent citoyen, restera honorablement inscrit dans les annales marseillaises, pour son dévouement dans les circonstances critiques où se trouva notre ville en 1814 et en 1815. En l'absence du maire, M. Raymond publia, en date du 17, une proclamation remarquable, qui se terminait par ces mots :

« Peuple Marseillais, courons au temple du Seigneur, allons le remercier des faveurs qu'il a accordées à la France; allons répandre sur le cercueil de ce roi-martyr des fleurs baignées de nos larmes, en attendant que l'autorité sacrée place, sur sa tête auguste, l'auréole de l'immortalité. »

Le lendemain, ce même magistrat, en vertu d'une délibération du conseil municipal, prit un arrêté qui réglait le programme des cérémonies, et qui était ainsi conçu :

« Nous, premier adjoint, remplissant en absence les fonctions de maire,.

« Vu la délibération du conseil municipal de cette ville du 12 de ce mois, relative à la célébration d'un service funèbre et annuel, le 21 janvier, en commémoration de la mort de Louis XVI, ladite délibération approuvée par M. le préfet, le 13 du courant.

« Arrêtons :

« Art. 1er.—Vendredi prochain. 20 de ce mois, la cérémonie du lendemain sera annoncée, le soir, par le son funèbre de toutes les cloches de la ville.

« Art. 2. — Les mêmes sons seront répétés. le lendemain samedi, à la pointe du jour ; à la même heure, les navires ancrés dans le port mettront, en signe de deuil, leurs vergues en croix et leurs pavillons à mi-mât. Des coups de canon seront tirés, de quart-d'heure en quart-d'heure, depuis le matin jusques à la fin du service funèbre.

«Art. 3.—A dix heures et demie du matin, tous les corps et fonctionnaires civils, militaires et judiciaires, appelés par la loi aux cérémonies publiques, ainsi que les diverses administrations particulières de la ville. invitées à s'adjoindre au corps et au conseil municipal, se réuniront, à l'hôtel de S. Exc. M le maréchal gouverneur prince d'Essling (1),

(1) Masséna.

13

pour, de là , se rendre en cortége à l'église majeure de Saint-Martin , où doit être célébré le service funèbre.

« Art. 4. — La première réunion du corps et du conseil municipal, ainsi que des diverses administrations particulières de la ville, est indiquée, pour dix heures, à l'hôtel de M. le marquis d'Albertas, préfet du département, pour se rendre en corps avec ce magistrat à l'hôtel du gouverneur.

« Art. 5. — La principale porte de l'église , située sur la grande place de Saint-Martin , demeurant réservée pour l'entrée du cortége des autorités, le public entrera par la porte placée au-dessous de l'orgue et donnant sur la rue du Petit-Cimetière.

« Art. 6 — Il sera chanté une messe solennelle de *Requiem* , et prononcé une oraison funèbre par M. l'abbé Denans , professeur de philosophie au Lycée.

« Art 7 — Nul individu de l'un et de l'autre sexe ne sera admis dans l'église qu'en habit de deuil.

« Art. 8. — Les danses , les spectacles , ceux des bateleurs et autres divertissemens publics seront interdits pendant toute la journée. La Bourse sera également fermée.

« Art. 9. — Notre présent arrêté sera imprimé, publié, etc.

« Fait à Marseille , en l'Hôtel-de-Ville, le 18 janvier 1815.

« RAYMOND aîné. »

Ce programme fut suivi ponctuellement et la douleur publique des Marseillais se manifesta de la même manière que le 23 juin 1814.

Dans toutes les villes de France et dans toutes les capitales de l'Europe, il y eut pareillement des cérémonies publiques expiatoires, en mémoire de la mort du plus vertueux et du plus libéral des monarques (1)

Le peuple français s'associa si vivement au deuil dont les cérémonies expiatoires étaient la consécration, que M. le vicomte de La Rochefoucault, membre du Corps législatif, crut devoir se rendre l'interprète du sentiment général, en prononçant, dans la séance de la Chambre du 9 décembre 1815, un discours remarquable, dont voici la péroraison :

« Attendu que cette Chambre est la première assemblée légalement élue sous un gouvernement légi-

(1) On trouve des détails très circonstanciés sur les diverses cérémonies dans une brochure publiée en 1815, sous ce titre : *La France en deuil ou le* 21 *janvier,* contenant les pièces officielles relatives à la translation des victimes royales ; — le détail des honneurs funèbres qui leur ont été rendus, soit en France, soit en pays étrangers ;— et les écrits et discours les plus frappans, publiés ou prononcés sur cette mémorable journée, par MM. le comte de Lally-Tollendal , le vicomte de Châteaubriand, Villemain, Mgr de Boulogne, évêque de Troyes, etc., etc.

time, qui ait exercé librement ses pouvoirs depuis cette époque malheureuse (1793).

« Attendu que le seul moyen de ne point laisser peser sur les Français un crime dont ils ne furent jamais coupables, est d'attester leur profonde douleur par un acte solennel ;

« Attendu que le désaveu formel de ce crime est dans le cœur de tous les Français ;

« Je demande que Sa Majesté soit suppliée de proposer une loi par laquelle deux choses soient ordonnées :

« 1° Un service solennel, dans chaque église de France, pour consacrer le douloureux anniversaire du 21 janvier ;

« 2° Ce même jour, un deuil général, pour attester à jamais les regrets de tous les Français. »

Cette proposition fut sérieusement prise en considération par la Chambre. Les bureaux de cette assemblée s'en occupèrent, et le vœu des représentans de la nation, porté jusqu'aux pieds du roi, ne tarda pas à se réaliser.

Dans la séance du 17 janvier 1816, M. le garde des sceaux se présenta devant la Chambre des députés ; étant monté à la tribune, il s'exprima ainsi :

« Messieurs, un vœu général s'est fait entendre dans toute la France : La France entière demande une fête expiatoire, qui consacre ses regrets et le respect qu'elle gardera à perpétuité pour la mémoire du prince que des parricides enlevèrent à son amour.

« Les actes que nous vous apportons, messieurs,

n'ont pas pris leur origine dans les chambres seulement. Le deuil était dans tous les cœurs français, dès le jour funeste où nous perdîmes celui qui ne voulait vivre que pour nous rendre heureux.

« Qu'un monument, qu'une fête funèbre attestent, dans tous les siècles, l'amour des Français pour une victime aussi auguste, aussi sainte : c'est l'objet de la loi dont nous vous apportons le projet.

« Messieurs, nous n'essaierons pas d'exprimer la douleur du Roi ; nous nous bornerons à vous faire entendre la lecture du projet qu'il nous a chargé de vous présenter. »

Louis, etc.

Art. Ier. — Le 21 janvier de chaque année, il y aura, dans tout le royaume, un deuil général, dont nous fixerons le mode. Ce jour sera férié.

II. — Il sera fait le même jour, conformément aux ordres donnés par nous, à ce sujet, l'année dernière, un service solennel dans chaque église de France.

III. — En expiation du crime de ce malheureux jour, il sera élevé, au nom et aux frais de la nation, dans tel lieu qu'il nous plaira de désigner, un monument dont le mode sera réglé par nous.

IV. — Il sera également élevé un monument, au nom et aux frais de la nation, à la mémoire de Louis XVII, de la Reine Marie-Antoinette et de Madame Elisabeth.

V. — Il en sera aussi élevé un, au nom et aux frais de la nation, à la mémoire du duc d'Enghien.

Signé : Louis.

Ce projet fut adopté par acclamation et on décida même qu'il n'y avait pas lieu d'aller au vote. La Chambre des pairs s'empressa, le lendemain, d'adopter à son tour cette loi expiatoire.

En 1814 et en 1815, de nombreuses oraisons funèbres, en mémoire du roi-martyr, avaient été prononcées en chaire, ou imprimées lorsque leur auteur était laïque. Parmi tant d'écrits divers, ils se trouvait bien des œuvres eloquentes ; mais nous pourrions citer, pour le Midi, plusieurs publications de ce genre plus que médiocres. Aussi, en 1816, M. le ministre de l'intérieur, par une circulaire adressée aux archevêques et évêques, défendit toute oraison funèbre de Louis XVI, pour le service qui devait avoir lieu le 21 janvier, et ordonna de lire seulement, en chaire, le testament de cet auguste et infortuné monarque.

XX

La célébration officielle de cérémonies expiatoires pour le crime du 21 janvier eut lieu jusqu'en 1830, suivant l'esprit de la loi de 1816 et conformément à la circulaire précitée du ministre de l'intérieur.

A partir de 1830, le gouvernement ne participa plus à cette solennité expiatoire, bien que la loi qui s'y rapportait ne fût pas abrogée. Les royalistes seuls ne manquèrent pas de se réunir le 21 janvier, dans les églises, pour assister au service que le clergé continua de célébrer.

La charte de 1830 donnait l'initiative des projets de lois à chacun des membres de la Chambre des pairs et de celle des députés. On n'usait guère de cette prérogative à la Chambre des pairs ; par contre, celle des députés ne se faisait pas faute de propositions de toute sorte, comme pour affirmer son droit de participation à la royauté qu'elle avait instituée, de par l'émeute victorieuse. Quoiqu'il en soit, la chambre élective ne pouvait être plus mal inspirée qu'elle le fut, en provoquant l'abolition des cérémonies ex--

piatoires du 21 janvier. Indépendamment du scandale
que produisit cette motion anti-française, en froissant d'une part le sentiment royaliste dans ce qu'il
avait de plus intime, et d'autre part en passionnant
de nouveau le sentiment révolutionnaire dans ce qu'il
avait de plus cruel, il résulta de l'élaboration, très
pénible, de la loi nouvelle, un conflit sérieux et prolongé entre les deux chambres jalouses de se dominer mutuellement, au risque de faire crouler l'édifice,
encore bien mal assis, des institutions nées de la révolution de juillet.

Dans la séance du 5 décembre 1831, à la Chambre
des députés. M. Portalis donna lecture de la proposition suivante :

« Est abrogée, comme étant contraire à la charte
de 1830, la loi du 19 janvier 1816, relative au deuil
général pour le 21 janvier 1793. »

En même temps, M. Portalis proposait l'abrogation de la loi interdisant de travailler le dimanche.
Cette seconde proposition n'eut pas de suite.

Développant sa proposition relative au 21 janvier,
M. Portalis voulait bien convenir que « le jour où
tomba la tête décolonnée de Louis XVI sera toujours triste parmi les jours tristes de notre histoire; »
il ajoutait que « longtemps encore, on mettra en
question la culpabilité de Louis XVI et le pouvoir
des juges qui l'ont condamné. » La belle âme, qui ne
voulait se brouiller ni avec la mémoire du roi-martyr,
ni avec celle de ses bourreaux! Toutefois, d'après l'opinion de M. Portalis, « ce n'était pas dans l'inten-

'ion de conserver un souvenir de deuil qu'avait été faite la loi de 1816 ; elle était un reproche éternel, une injure adressée au peuple français ! »

La prise en considération fut votée à l'unanimité, moins le vieux Lameth, le constituant de 89, qui protesta seul par son attitude.

Dans les journaux on ne s'occupa guères de la proposition Portalis ; l'attention se portait uniquement sur l'insurrection des ouvriers de Lyon, qui venaient de se rendre maîtres de la ville et ne mirent bas les armes qu'après avoir obtenu les concessions que vint leur apporter en personne le fils aîné de Louis-Philippe.

La proposition Portalis fut discutée le 23 décembre.

La commission en modifiait ainsi les termes : « La loi du 19 janvier 1816 est rapportée en ce qui concerne la commémoration fériée du 21 janvier 1793.»

M. Berryer parla contre le projet.

Il faut tracer, dit-il, une grande distinction entre ce qui est bon et légitime, et ce qui est funeste et criminel.

Ceux qui prennent la révolution de 1830 du côté constitutionnel, entendent maintenir la loi du respect, ils se souviendront que, le 21 janvier 1793, c'est la royauté qui a été frappée, et, dans la royauté, le pouvoir social, par la violation des principes de la liberté et de l'ordre ; pour eux, n'est-ce pas une grande chose de maintenir la commémoration de cette grande calamité publique d'un roi traîné à l'échafaud ?

14

A ceux qui ont dit : Nous sommes le parti révolutionnaire, je demande : puisque vous aimez la liberté , puisque vous détestez les excès qui l'ont
souillée, quel plus beau monument pourriez-vous
élever que celui qui tracera une ligne de démarcation
entre le despotisme et l'anarchie ; monument figuré
par la commémoration du 21 janvier où l'on honore
le roi qui scella de son sang l'ère de la régénération
sociale! Louis XVI a péri victime des excès de la liberté qu'il avait rétablie.

M. de Lameth ne voulait pas qu'il fût dit que la
révolution de 1789 eut tué Louis XVI. Le crime en
était à la révolution de 1792.

Des amendemens furent proposés et la loi finit par
être adoptée en ces termes , « La loi du 19 janvier
1816, sur l'anniversaire du 21 janvier, est abrogée.»

Au moment du vote par assis et levé, les trois députés franchement royalistes (carlistes comme on disait alors) les seuls qui eussent été nommés au re-
nouvellement de la chambre, se levèrent en signe de
dénégation. Un député de la gauche se joignit à eux.
Au scrution secret la loi fut votée par 218 voix contre 32.

Le Portalis qui attacha son nom à cette loi de régicide posthume, avait pour prénom Auguste. Il était
neveu du premier président de la cour de cassation,
ancien ministre de Charles X et fils d'un frère du célèbre Portalis, l'un des ministres les plus sages et les
plus distingués du premier empire. Auguste Portalis,
sous le règne de Louis-Philippe, fit partie de plu-

sieurs législatures, où il marqua constamment par son exaltation révolutionnaire. La révolution de 1848 en fit un représentant et un procureur-général à la cour d'appel de Paris. Il est mort en 1855.

La loi votée par les députés ne devait ressortir à effet que si elle l'était aussi par la Chambre des pairs. Elle lui fut présentée, et dans la séance du 16 février 1832 le comte de Tascher présenta un rapport à ce sujet.

M. de Tascher s'exprima dans ces termes :

Faut-il que la chambre des pairs abroge une loi votée, il y a 16 ans, à l'unanimité, par les deux chambres ? Quand il serait vrai que cette loi revêtait de formes blessantes le principe qu'elle consacrait, s'ensuit-il que ces formes doivent entraîner dans leur reprobation le principe salutaire qu'elles sanctionnent ? La commission ne le pense pas.

Dans une monarchie, le souverain, comme l'a dit Mirabeau, est le représentant perpétuel du peuple. L'inviolabilité royale ne saurait être contestée ; elle assure le repos du peuple lui-même; une nation se suicide en portant la main sur l'inviolabilité royale. L'article 12 de la charte de 1830 consacre ce principe, il déclare sacrée la majesté royale. La religion lui donne une force de plus, en disant : toute puissance vient de Dieu. Ce n'est pas le droit divin que la religion établit ainsi, c'est une perfection qu'elle donne à l'obéissance au pouvoir, dont elle révèle la haute origine.

Ainsi le principe de la loi de 1816 est devenu la

sanction de l'article 12 de la charte jurée le 7 août. La chambre des pairs ne peut déclarer, en abrogeant la loi que la France de juillet n'a donné à son roi qu'une vaine garantie.

Moins que jamais on doit abroger une loi qui ordonne le deuil pour le 21 janvier, au moment où certains journaux, l'appellent *un jour sévère*, essaient de justifier les juges de Louis XVI par la spécialité prétendue de leur mandat et proposent d'appliquer la responsabilité au rang suprême.

A côté de nous, l'Angleterre à renversé la dynastie des Stuart, mais elle n'en célèbre pas moins, avec respect et douleur, l'anniversaire du jour où l'infortuné Charles Ier périt sur l'échafaud. Les Anglais comprennent que tous les pouvoirs sont solidaires, quelles que soient d'ailleurs leur origine et leur forme.

La commission propose de maintenir, en le modifiant, l'article 1er de la loi de 1816 prescrivant un deuil général. Comme c'est par la violation de la justice que le crime du 21 janvier fut accompli, à pareil jour, les temples de la justice doivent être fermés et ses oracles rester muets.

Le projet serait donc ainsi réduit :

Le 21 janvier de chaque année, les cours et tribunaux continueront à vaquer.

Sont et demeurent abrogées toutes les autres dispositions de la loi du 19 janvier 1816.

La discussion eut lieu dans la séance du 21.

M. de Dreux-Brézé établit que la nation ne fut

pas complice de l'assassinat juridique de Louis XVI; la preuve en est dans le refus de l'appel au peuple. Si l'armée, ou s'était réfugié l'honneur français, se fût trouvée alors sous les murs de Paris, le crime n'eût pas été commis et l'on n'eût pas mis à mort le roi, contre lequel il n'y avait en réalité d'autre grief que celui que formulait Saint-Just, en disant : Nul ne peut régner innocemment !

S'il y eut jamais un deuil légitime, c'est le deuil porté pour le père de la patrie; et quel autre roi que Louis XVI fut plus digne de ce nom ? Comment refuser au roi, toujours avare du sang de ses sujets, un hommage qu'on accorde volontiers à ceux qui en ont été prodigues par folle ambition ?

Abolir ce deuil ce serait porter un arrêt contre le principe monarchique, qu'on parle sans cesse de consolider.

M. de Saint-Simon vota pour l'abrogation de la loi de 1816, qui, tout en faisant lire le testament de Louis XVI, monument de pardon et d'oubli, voulait tenir la France sous la flétrissure d'une expiation.

M. de Maleville ne croyait pas que la célébration du 21 janvier fût inutile. Cela pourrait être vrai s'il ne s'agissait que d'un jugement inique, mais il y a plus, et c'est le principe monarchique que voulaient tuer les juges de Louis XVI, quand ils tuaient le roi. Abolir le deuil du 21 janvier ce serait réjouir les partisans de la République et d'une nouvelle révolution, sociale autant que politique.

Le comte de Courtarvel vota contre l'abrogation.

Le duc de Bassano s'associait à l'éloge de Louis XVI, fait par les précédens orateurs ; il rappella l'opinion de Napoléon sur l'anniversaire du 21 janvier, établi par la République en réjouissance de la mort de Louis XVI. Invité, sous le Directoire, à prendre part à cette fête, Napoléon répondit : « L'événement qu'on rappelle est un malheur national ; il est tombé un prince dont la tête avait été déclarée inviolable par la Constitution; quel étrange sujet de fête! Qu'on célèbre le 14 juillet, je le conçois, on célèbre des victoires, mais on pleure sur des victimes restées sur le champ de bataille.» Napoléon supprima la fête. La loi de 1816 est une loi réactionnaire, comme l'était, en sens inverse, celle de la république. Que peut-on contre ces faits ? oublier la fatalité ; faisons une loi du silence : laissons parler la seule histoire.

L'orateur vota pour l'abolition de la loi de 1816.

Le comte de Sesmaisons vota pour la proposition de la commission.

Le comte de Tournon dit : n'abolissez pas la loi qui apprend que dans la mort d'un roi chaque famille est frappée. L'assassinat juridique de Louis XVI fut moins un acte de vengeance que la confirmation du renversement de la monarchie.

Le comte Mathieu Dumas, quoique presque aveugle, lut un discours, tendant à l'abrogation de la loi de 1816.

Le comte de Ségur: la loi de 1816 doit être abrogée, parce que son exécution littérale était pénible et douloureuse ; mais il importe à l'honneur de la pai-

rie de désavouer les crimes commis jadis au nom
du peuple. En ce moment,où fermentent les passions
anti-sociales, il importe qu'on ne la soupçonne pas
d'indifférence pour le plus grand des attentats
qu'une nation ait laissé commettre. Il faut stygma-
tiser une époque odieuse et ne pas laisser s'accrédi-
ter l'opinion que la Terreur ait pu être bonne à quelque chose. Non, la France en 1793 ne s'est pas sauvée par le sentiment honteux de la peur ; la Terreur
infâme n'eut d'autre effet que de créer des dangers,
dont le généreux et patriotique dévouement des sol-
dats-citoyens sut triompher.

L'orateur demanda l'abrogation de la loi de 1816,
qui lui semblait être une punition infligée à la France,
mais il repoussa un immoral,un calomnieux silence,
indigne d'une grande nation. »

Le comte Siméon vota dans le sens de la commission. «La justice ayant été violée le 21 janvier 1793,
les tribunaux doivent vaquer à chaque anniversaire
de ce jour.»

Le comte de Sesmaisons vota de même.

Après avoir entendu MM. de Broglie et de Bar-
bé-Marbois, la Chambre passa à la délibération des
articles. On adopta l'amendement de M. de Maleville
ainsi formulé : « le 21 janvier de chaque année, les
administrations publiques, les cours et tribunaux
vaqueront en signe de deuil.— La loi du 19 janvier
1816 est abolie.

Votans: 143. Oui, 82; non, 59; bulletins blancs, 2.

Le projet de loi,ainsi rédigé. fut communiqué à la

Chambre des députés, dans sa séance du 28 février.

Le rapporteur chargé d'examiner l'affaire fut M. Teste, le célèbre avocat nimois, dont la carrière politique et ministérielle devait se terminer par de si déplorables scandales et une condamnation infamante. M. Teste proposa le rejet pur et simple de la rédaction votée par les pairs, tout en maintenant l'abrogation de la loi de 18'6.

Sur la demande de M. Salverte, on vota immédiatement et sans discussion. A propos de l'article 1er, ordonnant la vacance des administrations et tribunaux, personne ne se lèva pour, à l'exception de M. André du Haut-Rhin. A la contre-épreuve, toute la chambre se leva, toujours moins M. André. Pour l'adoption du second article, portant abrogation de la loi de 1816, même unanimité, et cependant, au vote secret sur l'ensemble de la loi, 26 voix contre 262 protestèrent.

Le 29 février, la Chambre des pairs, avisée de la modification apportée à la loi qu'elle avait votée, la renvoya, pour être examinée de nouveau, à la commission qui s'en était occupée en premier lieu. Dans la séance du 3 mars, cette commission, proposa le rejet pur et simple de la disposition adoptée par les députés.

La discussion fut écourtée par l'impatience de la Chambre, qui voulait voter immédiatement. Seulement le duc de Choiseul put déclarer que, comme français, comme pair et comme serviteur fidèle de Louis XVI, en votant pour l'abrogation de la loi de 1819, il obéissait aux dernières volontés de ce malheureux roi, qui recommandait l'oubli.

La Chambre des pairs rejeta la résolution de celle des députés, à la majorité de 78 voix contre 56. La minorité était formée par les pairs de la nomination de Louis-Philippe.

De ces allées et venues d'une loi balottée indécemment d une chambre à l'autre, résultait clairement la démonstration du vice originel de la Charte de 1830, la Charte *báclée* comme on la nommait si justement ; constitution sans assises morales ni politiques, et, au lendemain de sa prolongation, croulant déjà, parce que lui manquait la base essentielle de tout édifice constitutionnel, la pondération des pouvoirs par la fixation de leurs attributions respectives.

La royauté de juillet fonctionnait en plein gâchis parlementaire, comme le constatait par une exclamation pittoresque le maréchal Lobau, l'un de ses adhérens les plus déterminés, et si l'ordre se rétablissait momentanément entre les deux pouvoirs législatifs, c'était habituellement aux dépens de cette malheureuse pairie, condamnée à expier, par l'abaissement de sa dignité, une faute impardonnable, celle de n'avoir pas su tomber noblement avec la royauté de Charles X. Dans ce même mois de mars, la Chambre des pairs était obligée de subir la volonté de la Chambre des députés, en acceptant les modifications faites par celle-ci à la loi que celle-ci avait votée pour exiler les membres de la branche aînée, loi proposée

en principe à la Chambre des députés par le colonel
. de Briqueville. Pour la loi dn 21 janvier, la pairie
résista moins mal, ainsi que nous venons d'en avoir la
preuve, mais résister jusqu'au bout n'était ni dans
son caractère, ni même dans ses moyens comme ins-
titution politique.

XXI

A la session d'après, dans la séance du 15 décembre 1832, Auguste Portalis renouvela sa proposition.

Suivant l'usage, une commission fut nommée, et le rapporteur, Duboys d'Angers, conclut à l'adoption.

Il signala la loi de 1816 comme impolitique et outrageuse pour la nation, comme soulevant les haines et appelant les vengeances. «Ce n'est pas, ajouta-il, la désuétude qu'il faut invoquer contre une pareille loi; elle doit être abrogée formellement. »

En conséquence, au nom de la commission, le rapporteur proposa la rédaction suivante :

« La loi du 19 janvier 1816, relative à l'anniversaire du 21 janvier, est abrogée.»

Auguste Portalis présenta de nouveau sa proposition aux députés ses collègues, dans la séance du 18 novembre, et la développa longuement.

Il dit, qu'en sa qualité de magistrat, il désirait voir fixer le caractère de l'un des jours de l'année judiciaire. « Je demande, ajouta-t-il, qu'on fasse disparaître de nos lois des dispositions empreintes de l'esprit d'intolérance de la Restauration.»

Cet esprit d'intolérance de la Restauration, bien que M. Portalis appartint à l'Empire par sa notoriété de famille, l'avait d'abord appelé, quand il sortait à peine des bancs, aux fonctions de secrétaire d'un comité de censure, puis à celle de substitut, et plus tard, à celle de juge au tribunal de première instance de Paris.

Plus d'un loyal serviteur des Bourbons, plus d'un vieux magistrat, très peu ou nullement recompensés, auraient eu le droit de taxer cette intolérance là de tolérance excessive.

L'orateur voyait, dans la loi de 1816, un affront légal, que la Chambre ne devait pas supporter plus longtemps. D'après lui, cette loi ordonnait qu'on élevât des monumens expiatoires, au nom de la nation, comme si c'était un châtiment qu'on voulût infliger au peuple français ; il espérait que, cette fois, sa proposition n'allait plus échouer à la Chambre des pairs, et qu'on ne la considérerait plus comme émanée d'une Chambre que posséderait le délire démocratique.

M. Laugier de Chartrouse, député d'Arles, parla contre la proposition Portalis. « Vous voulez, dit-il, supprimer la commémoration du 21 janvier ? mais supprimez donc aussi l'histoire, l'inexorable histoire, qui a stigmatisé, de son doigt d'airain, cette époque de crime et de sang ! imprudens! assez heureux pour n'avoir pas vu les horreurs de 93, vous voulez vous associer à ces actes abominables ! je vous en conjure, au nom de la génération présente, repoussez cet affreux héritage. Que la Révolution de juillet ne se montre pas moins tolérante que l'Angleterre, où se conserve le deuil public et perpétuel du supplice de Charles Ier ; qu'elle cherche, dans la Révolution de 93, les principes d'une sage liberté, et qu'elle répudie ce que notre génération actuelle est si éloigné d'imiter. »

M. de Chartrouse et M. Berryer, pour le moment seuls députés légitimistes, votèrent, seuls aussi, contre la proposition, qui fut adoptée ainsi à la presque unanimité.

Dans sa séance du 2 janvier, la Chambre des pairs reçut communication de la résolution des députés relativement à l'abrogation pure et simple de l'anniversaire du 21 janvier. Le comte Siméon fut nommé rapporteur de la commission chargée de statuer à ce sujet.

Dans la séance du 14, le comte Siméon présenta son rapport. D'après lui, la proposition venait inutilement agiter les esprits, une loi rendue dans ce sens équivaudrait à déclarer que, pour la nation, le 21 janvier 1793 devrait être un jour comme un autre. Le parti anarchiste s'en emparerait, pour en tirer un argument contre l'inviolabilité royale. La commission, par l'organe de l'orateur, proposait de rédiger la loi nouvelle en ces termes :

«Le 21 janvier demeure un jour de deuil national.

«La loi du 19 janvier 1816 est abrogée.»

Rédaction de vrai juste-milieu, qui, laissant le deuil sur papier, le supprimait en réalité par l'abrogation de la loi de 1816, faite dans le but de donner à ce deuil une expression publique.

La discussion eut lieu le lendemain. Le comte Portalis parla contre le projet ; il se demanda si la proposition faite était de nature à corroborer le gouvernement monarchique, et si l'on pouvait reprocher aux fondateurs de l'anniversaire du 21 janvier de réveiller des haines et des souvenirs funestes. Eveille-t-on, dit-il, des haines par la lecture d'un testament ? Pour que la commémoration du 21 janvier fût injurieuse à la nation, il faudrait que la France fût entrée pour quelque chose dans le crime ; et qui oserait soutenir ce mensonge ? Par contre, la résolution proposée serait injurieuse pour le pays ; car elle tendrait à prouver que la France approuve le crime. Si cet anniversaire n'existait pas je ne demanderais pas qu'on l'établit ; mais il existe . et l'abolir ce serait faire perdre toute foi dans les institutions politiques.

Le général Mathieu Dumas voulait qu'on abolît purement et simplement la célébration du 21 janvier, parce qu'il avait coulé, depuis la mort de Louis XVI, assez de larmes pour qu'on oubliât et pardonnât finalement, en accomplissement du vœu de Louis XVI lui-même.

L'amiral Emeriau rappella qu'entré au service dès l'âge de 16 ans. il avait obtenu son premier grade de l'infortuné Louis XVI, auquel il avait voué une éternelle reconnaissance: il émit le vœu que son sublime testament fût gravé sur le marbre et placé dans les deux chambres.

.Le baron Mounier vota pour la loi, telle qu'elle était amendée par la commission. On entendit ensuite le comte Rœderer, un des hommes politiques qui avaient figuré personnellement dans les scènes du drame révolutionnaire qui précédèrent le 21 janvier. C'est lui qui, le 10 août, avait décidé Louis XVI à quitter les Tuileries pour se mettre sous la protection de l'Assemblée législative, ce qui, pour le malheureux roi, équivalait à monter la première marche de l'échafaud.

« La Convention, dit le comte (*olim* citoyen) Rœderer, par son décret qui faisait une fête du 21 janvier, n'a pas plus empêché les âmes justes et tendres de s'affliger (style de bergerade en vogue sous la terreur), que la loi qu'on vous propose d'abroger n'a retenu la joie de ceux qui se sont réjouis de ce tragique événement. Le seul acte qui ait satisfait la France à ce sujet, est l'abrogation de cette fête impie, par l'Empereur. Je vote l'abrogation de la loi de 1816. »

Le maréchal Grouchy, dit avoir été témoin de la douleur des armées françaises, quand leur arriva la nouvelle de l'exécution de Louis XVI. Il proposa d'abroger la loi de 1816, mais en déclarant que le 21 janvier demeurerait un jour de douloureuse mémoire.

Le comte de Courtarvel parla en faveur du maintien de la loi de 1816.

On demanda la clôture de la discussion générale ; elle fut prononcée malgré les réclamations du marquis de Dreux-Brézé.

Dans la discussion des articles, M. de Latour-Dupin revint sur l'idée, précédemment exprimée, que l'abrogation de la cérémonie expiatoire ferait participer la France à un crime qu'elle n'avait pas commis.

M. de Brézé estimait que ce n'était pas assez de déclarer que le 21 janvier ne devait pas être considéré comme un jour ordinaire; une manifestation de douleur était nécessaire selon lui. « Ceux-là seuls, disait-il, qui veulent la république, ou qui y marchent sans le savoir, peuvent vouloir l'abrogation de la loi de 1816. »

L'article premier du projet de loi fut adopté à une très-forte majorité; il portait que le 21 janvier demeurerait un jour de deuil national.

On rejeta un amendement du duc de Crillon portant que, ce jour-là, les administrations publiques, ainsi que les cours et tribunaux continueraient à vaquer.

On adopta l'article 2, portant abrogation de la loi de 1816.

Le vote d'ensemble donna 96 oui et 65 non.

Le même jour, 15 janvier, la Chambre des députés reçut un message de la Chambre des pairs, lui faisant connaître ce résultat.

Les députés, à l'unanimité, décidèrent que la discussion de ce qu'il y avait à faire, aurait lieu immédiatement, sans égard pour la loi départementale qui les occupait en ce moment.

L'article 1er, tel que l'avait voté la Chambre des pairs, fut mise aux voix, et rejeté à la presque unanimité. C'était celui qui déclarait le 21 janvier jour de deuil national.

L'article 2, identique avec le projet, précédemment voté par les députés (la loi de 1816 est abrogée), fut voté à l'unanimité, moins MM. Laugier de Chartrouse, Jaubert, de Cambis (député de Vaucluse) et Mahul (le même qui s'acquit plus tard un immense ridicule, en se déclarant la chair de la chair et l'os des os du ministre).

Avant qu'on procédât au vote secret, qui devait compléter et ratifier le précédent, M. Jaubert s'écria: « Étranger par mon âge à la catastrophe du 21 janvier, j'éprouve cependant le besoin de décliner toute participation, tant directe qu'indirecte, à un acte réprouvé par l'histoire. »

Cette opinion était celle de bien des députés, partisans de la révolution de juillet, mais n'ayant pas renoncé à toute idée foncièrement monarchique. Le scrutin secret le prouva, en donnant, à l'occasion du vote définitif de la loi d'abrogation, 43 voix contre et 232 pour.

XXII.

La Chambre des pairs reçut , le 17 janvier, une fois encore. communication de la loi, telle que l'avait refaite la Chambre des députés. A voir les deux chambres se renvoyer ainsi la balle parlementaire , on aurait pu avoir l'idée d'un jeu de paume ou de ballon, si le sujet eut été moins triste,et le débat moins odieux au fond.

Après une épreuve douteuse , la chambre décida que la loi des députés serait examinée par l'ancienne commission. Le marquis de Dreux-Brézé et le général Excelmans étaient d'avis qu'il fallait ne pas laisser croire qu'il y avait, en ceci , une affaire personnelle d'une chambre à l'autre; ils avaient demandé. mais sans succès, qu'une nouvelle commission fût nommée.

Dans la séance du 19, le comte Siméon , rapporteur comme précédemment , constata que la question s'agitait pour la quatrième fois. « La commission, ajouta-t-il, a eu, comme la Chambre des députés, le désir d'abroger la loi du 21 janvier, mais elle n'a pas pensé que ce désir pût effacer jusqu'aux dernières traces d'un sentiment juste et louable. » Opinion bâtarde, comme l'était et le fut jusqu'au bout la politique dite du juste-milieu ; opinion qui, d'accord au fond avec la passion révolutionnaire, était peut-être plus coupable , en ce qu'elle colorait d'hypocrisie l'iniquité de sa pensée et de ses tendances.

Au fait , l'expression de cette manière de voir ne jurait en rien avec les antécédens du rapporteur. Le comte Siméon n'avait jamais été qu'à peu près royaliste. Fils et bientôt émule d'un des premiers avocats d'Aix en Provence, beau-frère de Portalis l'ancien, que le premier empire compta parmi ses illustrations et ses plus fidèles serviteurs, Siméon, en 1793, avait commencé par se dérober au périlleux honneur de la députation que lui offrait le fédéralisme, insurgé contre les terroristes conventionnels. Il fut , il est vrai, victime du coup-d'Etat anti-royaliste du 18 fructidor, mais , remis en évidence , comme membre du tribunat, par le 18 brumaire , coup-d'Etat en sens inverse du 18 fructidor, il appuya la proposition de couronner Napoléon, en termes on ne peut moins respectueux pour la dynastie à laquelle le premier consul allait substituer la sienne. « L'incapacité, avait-il dit, qui abandonne les têtes des rois à la foudre des révolutions, s'étend sur leurs proches, et ne permet pas de leur rendre ce timon , échappé a leurs mains trop débiles..... Le retour d'une dynastie détrônée, abattue par le malheur, ne saurait convenir à une

nation qui s'estime.... » Siméon fut récompensé de
son zèle impérialiste, en obtenant le poste d'organisa-
teur de la justice dans l'éphémère royaume de West-
phalie, que Napoléon avait taillé au sein du bloc ger-
manique, pour en apanager Jérôme, le cadet de ses frères en âge, comme en conduite et en capacité. Habile
à se retourner, Siméon n'en fut pas moins ministre de
l'intérieur sous Louis XVIII; mais, rejeté dans l'opposition par le retrait de son portefeuille, il ne crut pas
forfaire en rédigeant, aux approches de la révolution
de juillet, l'adresse de la Chambre des pairs qui dé-
sapprouvait, en termes forts durs, le gouvernement
de Charles X. Aussi fut-il nommé, par le roi des
barricades, premier président de la cour des comp-
tes, et jouit-il d'une faveur qu'il conserva jusqu'à
sa mort arrivée en 1842. Il avait alors 93 ans.

La Chambre consultée décida que la discussion
s'ouvrirait immédiatement.

M. Cousin développa un amendement ainsi conçu:
« La loi de 1816 relative à l'évènement funeste
du 21 janvier est abrogée.» Il soutint que la loi de
1816 avait été faite au profit d'une dynastie et non
dans l'intérêt de la monarchie ; comme si l'on pouvait séparer ces deux idées : monarchie et légitimité
de la dynastie par qui la monarchie a été fondée et
consolidée, dynastie qui a fait de la pauvre France
de Pharamond le premier royaume du monde ! Bien
entendu qu'en parlant de légitimité, nous entendons
ce mot dans le sens qu'il devait avoir avant l'inau-
guration de la légitimité d'aujourd'hui, basée sur
le suffrage universel.

« Les nations, continuait le pair Cousin. n'aiment
point à consacrer leurs fautes. Cette humilité est sublime en religion, mais inadmissible en politique.

«La commémoration néfaste du 21 janvier n'a donc
point de but. En 1814,la France ne demandait qu'à
se donner pourvu qu'on se donnât a elle ; on n'a pas
voulu de la France ; on a ajouté aux désastres de 20
ans de guerre, le milliard de l'émigration ; on fit
tous ses efforts pour remonter à la monarchie abso-
lue, on avait promis l'oubli du passé, et l'on alla
chercher, dans la boue et le sang, un assassinat pour
en salir la révolution française. »

Revenu comme il l'est aujourd'hui à des idées
plus saines et plus justes pour le gouvernement ré-
parateur de la Restauration, M. Cousin, se répon-
drait facilement à lui-même que les Bourbons ont
réparé assez largement les désastres du premier empire en faisant jouir la France d'une prospérité
« inouïe », de l'aveu même de ceux qui ont renversé la
dynastie Bourbonnienne ; prospérité à laquelle ne
contribua pas peu l'indemnité rémunératrice, com-
promis habile entre les intérêts des spoliés de 93 et
ceux des acheteurs des biens nationaux, qui en res-
taient possesseurs, en toute sécurité légale et morale.

Mieux encore : M. Cousin, qui, sous le second
empire, se tient si dignement à l'écart, en face
de la ruine du parlementarisme, se trouverait-il d'accord avec le Cousin de 1834, pour taxer d'absolu-
tisme le gouvernement qui ne craignit pas de rendre
la liberté à la presse et à la tribune, au risque de

voir la passion révolutionnaire en profiter pour le renverser ?

Le garde des sceaux Barthe qualifia la loi de 1816 de réactionnaire et d'injurieuse à la nation, mais en faisant observer que les pairs, comme les députés, étaient d'accord pour n'abroger cette loi qu'en laissant dans l'abrogation la trace d'improbation pour l'attentat du 21 janvier.

On entendit encore MM. Philippe de Ségur, de Montebello, Cousin, de Barante et de Tascher. Finalement on adopta par 93 voix contre 65, l'amendement Cousin, qualifiant le 21 janvier de jour funeste et auquel M. Villemain avait fait ajouter « et à jamais déplorable. »

Le projet de la loi abrogeant la célébration du 21 janvier tel que les pairs l'avait définitivement arrêté dans leur séance du 19, fut transmis à la Chambre des députés dans la séance du 21.

M. Delessert proposa d'adopter la résolution des pairs. M. Salverte s'y opposa vivement. M. de Corcelles voulait que l'on retranchât de la rédaction des pairs les mots : « A jamais déplorable. »

M. Berryer demanda la parole. La majorité voulut l'empêcher de parler, en criant : Aux voix ! un grand tumulte s'éleva, mais le président maintint la parole à M. Berryer. A travers des interruptions passionnées, le grand orateur parvint à dominer la situation, de toute la hauteur d'une éloquence souveraine. car le cœur et la raison l'inspiraient également ; il força cette majorité orléaniste de bâtards de la Con-

vention à s'entendre dire : « En 1816 , il s'agissait
de consacrer de nouveau l'inviolabilité des personnes
royales et les droits anciens de la maison de Bourbon au trône de France. C'est dans le but de cette
double consécration de deux principes que la loi a
été faite... les pairs veulent maintenant abroger la
loi qui consacrait les droits anciens de la maison de
Bourbon tout en maintenant le principe de l'inviolabilité des personnes royales

« Messieurs, il y a , dans la catastrophe de 1793,
autre chose que la mort d'un homme ; c'est un principe , un système de gouvernement , une origine de
gouvernement substituée à une autre.

« C'est bien ainsi que l'avaient entendu les membres de la Convention ; je me bornerai à vous rappeler ici l'un des votes qui fit frémir même les tribunes publiques : « Tous ceux qui ont attenté ou
attenteront à la souveraineté nationale méritent la
mort ! » (Sensation, agitation sur tous les bancs.)

« C'était bien là un acte politique. La loi de 1816
est une déclaration de principe contraire.....

« C'est par des institutions et non par des phra-
ses sentimentales que les lois doivent consacrer les
principes ; les mots « à jamais déplorable », ces mots
de lamentation sont une protestation contre la loi.

« C'est à la loi en discussion et non à celle de 1816
qu'on peut adresser le reproche d'hypocrisie. (A
gauche : C'est vrai ! Agitation croissante.)

« Oui , messieurs, il y a scandaleuse opposition

entre les paroles et le fait : le fait ou les paroles méritent le reproche de lâcheté. Choisissez !

(Très bien ! très bien !)

« Quant à moi je m'oppose à l'abrogation de la loi du 21 janvier 1816, de toute l'énergie de mon âme. Que ceux qui comprennent comme moi l'acte du 21 janvier aient le courage de le proclamer, ou que du moins ils détruisent sans ambiguité le monument qui consacre le deuil. Je vote contre les amendemens et contre la loi. »

Le silence fut longtemps à se rétablir.

Avant de se laisser aller aux élans de cette parole incomparable, qui entraîna, cette fois encore ainsi que toujours, ses adversaires eux-mêmes, comme dans un tourbillon vertigineux, Berryer, discutant froidement la question, en avait écarté péremptoirement l'argument le plus spécieux des adversaires de la loi de 1816 ; celui qui la repoussait comme ayant voulu rendre la France entière complice du régicide de 93. Il rappela les termes de l'adresse des députés demandant une loi d'expiation , adresse approuvée par les pairs , et notamment par le duc d'Orléans, depuis roi Louis-Philippe. Cette adresse disait :

« Nous venons au nom du peuple français, à la face de l'Europe et en face du trône révéré de Henri IV et de saint Louis, désavouer cet attentat. Non , il ne fut pas le crime de la France ; nous en attestons la confiance du roi-martyr, les innombrables victimes dont le sacrifice suivit le sien..... Nous voulons transmettre à la postérité la plus reculée et la protestation

du peuple français contre l'attentat du 21 janvier,
et le témoignage solennel des sentimens qui nous
animent.»

M. Barthe, garde des sceaux, renvoya le reproche
d'hypocrisie à la loi de 1816, qui était , dit-il , une
loi de réaction.

M. Cabet ne voulait pas que la condamnation de
Louis XVI fût taxée de crime et de forfait inouï.
« La Convention, ajouta-t-il, représentait la France,
sa défense importe à toute assemblée représentative.
(Murmures). La loi des pairs blesse la Révolution
tout entière. Abrogeons purement et simplement la
loi de 1816. »

Qu'était-ce donc que ce fougueux demeurant des
idées terroristes, qui venait scandaliser les députés phi-
lippistes en agitant brutalement le bonnet rouge, hy-
pocritement répudié par eux? C'était un pauvre écer-
velé, un songe creux!, qui sacrifia une belle position
de procureur général, de député, et sa vie même, à la
poursuite d'utopie de socialisme et de colonisation
lointaine : il avait imaginé une *république icarienne*
qui aurait réalisé le communisme, sous la suprême
direction de l'Etat. Il entraîna au Texas quelques
centaines de malheureux qu'il établit à Nauvoo, en
remplacement d'autres dupes, celles que les apôtres
du mormonisme n'avaient pu y maintenir. L Icarie de
Cabet, ce paradis en perspective, ne tarda pas à devenir un enfer, d'où son créateur s'enfuit pour aller
mourir misérablement à Saint-Louis du Missouri. Il
ne pouvait sans péril rentrer en France, où, à la suite

de démêlés judiciaires, il avait été condamné par défaut à deux ans de prison , comme coupable d'escroquerie. Tel était l'honnête personnage qui ne trouvait la condamnation de Louis XVI ni criminelle ni même illégale.

On entendit encore M. de Grammont; puis on mit aux voix la rédaction de la Chambre des pairs. Elle fut adoptée. Plusieurs députés s'abstinrent , et notamment Lafayette, Laffitte et Odilon Barrot.

Au scrutin secret, il y eut adoption par 262 voix contre 82.

Ainsi finit ce déplorable débat, qui n'aurait pas eu sa raison d'être au sein d'une représentation vraiment nationale , et que pouvait seul faire naître un bouleversement d'idées sociales et politiques, tel que celui dont la révolution de 1830 avait donné le signal.

La nouvelle loi fut promulguée le 1er février.

Depuis cette époque , bien qu'il n'y ait plus eu célébration officielle de la fête expiatoire du 21 janvier, des services ont été organisés, dans nombre de villes, par les Français fidèles au culte du malheur et à la loi du devoir royaliste. Chaque année, sur tous les points de la France , on a vu l'élite des populations venir, à chaque anniversaire du jour néfaste entre tous, s'agenouiller aux pieds des autels, pour y demander à Dieu le pardon d'un crime imputable à quelques scélérats, mais dont la nation ne saurait répudier l'injuste souillure par trop de larmes et de pieuses manifestations.

Nous ne saurions mieux terminer cette étude historique sur la célébration du 21 janvier qu'en citant
les paroles suivantes, inspirées au trop fameux de
Lamenais à l'occasion de ce douloureux et néfaste
anniversaire :

« Un roi, un échafaud, l'enfer dans ses joies
« sanglantes, la terre dans le silence et la terreur,
« le ciel qui s'ouvre pour recevoir le juste et se re-
« ferme soudain : Voilà le 21 janvier. »

FIN.

IMPRIMERIE Vᵉ MARIUS OLIVE, RUE PARADIS, 68

www.ingramcontent.com/pod-product-compliance
Lightning Source LLC
Chambersburg PA
CBHW071808090426
42737CB00012B/2005